U0918653

“一带一路”经济规则制定研究

广东省经济安全研究院　广东国际经济协会　著

课题组组长：陈善如　林梓智

课题组成员：陈善如　林梓智　李卫民　赵　欣　张理中　刘焕泉
侯建雄　李小东　陈　斌　谢法浩　唐曼玲　冯延娟

主要执笔人：谢法浩　陈　斌　冯延娟

广州出版社

图书在版编目（CIP）数据

"一带一路"经济规则制定研究 / 广东省经济安全研究院，广东国际经济协会著. 一广州：广州出版社，2018. 4

ISBN 978-7-5462-2751-1

Ⅰ. ①一… Ⅱ. ①广… ②广… Ⅲ. ①"一带一路"-国际合作-研究 Ⅳ. ①F125

中国版本图书馆CIP数据核字（2018）第067476号

书　　名　"一带一路"经济规则制定研究
　　　　　Yidaiyilu Jingji Guize Zhiding Yanjiu
著　　者　广东省经济安全研究院、广东国际经济协会
出版发行　广州出版社
　　　　　（地址：广州市天河区天润路87号广建大厦九、十楼
　　　　　邮政编码：510635　网址：www.gzcbs.com.cn）
代理发行　广州市朗声图书有限公司（发行专线：34297719）
责任编辑　杨珊珊　何　娴
责任校对　马　洁
装帧设计　林卓萍
印　　刷　广州市新基业印刷有限公司
　　　　　（地址：广州市海珠区新业路60号　邮政编码：510288
　　　　　电话：020-84317509 ）
规　　格　787毫米×1092毫米　1/16
印　　张　14.75
字　　数　242千
版　　次　2018年4月第1版
印　　次　2018年4月第1次
书　　号　ISBN 978-7-5462-2751-1
定　　价　62.00元

前言 *Preface*

当前，世界经济深度调整，机遇与挑战并存，各国都在追求和平、发展与合作。自2013年习近平主席提出“一带一路”倡议四年来，全球100多个国家和国际组织积极支持和参与“一带一路”建设，联合国大会、联合国安理会等重要决议也纳入“一带一路”建设内容。“一带一路”建设逐渐从理念转化为行动，从愿景转变为现实，建设成果丰硕。

然而全球贸易和投资增长依然低迷，以规则为基础的多边贸易体制有待加强。各国特别是发展中国家仍然面临消除贫困、促进包容持续经济增长、实现可持续发展等共同挑战。“一带一路”建设有利于加强各国基础设施联通、规制衔接和人员往来，有利于各国共同致力于建设开放型经济、确保自由包容性贸易、反对一切形式的保护主义，有利于促进以规则为基础，开放、非歧视、公平的多边贸易体制发展。

“一带一路”经济规则的制定就是要在尊重沿线各国主权、尊严、领土完整，尊重彼此发展道路和社会制度，尊重彼此核心利益和重大关切问题的基础上，将“一带一路”建成开放之路，共同创造有利于开放发展的环境，推动构建公正、合理、透明的国际经贸投资规则体系。“一带一路”经济规则制定的思路将为国际经济规则投射新的智慧，在合作内容上对现有国际经济规则带来创新，包括国际经济规则理念的更新与内容的拓展（涉及贸易、金融、能源、投资、争端解决等领域的完善）。同时，促进“一带一路”沿线国家经济规则由双边化向多边化发展，并最终贡献于国际经济规则一体化发展。“一带一路”经济规则就是要维护多边贸易体制，推动自由贸易区建设，促进贸易和投资自由化便利化，着力解决发展失衡、治理困境、数字鸿沟、分配差距等问题，建设开放、包容、普惠、平衡、共赢的区域经济。

本书以经济规则为基础，分为八章。第一章对国际经济规则制定的现状作以介绍；第二章对“一带一路”经济规则制定的提出进行描述；第三章至六章分别对“一带一路”贸易规则、投资规则、金融规则、知识产权规则的制定进行分述；第七章对“一带一路”经济规则制定的难点作以分析；第八章提出“一带一路”经济规则制定的建议。

本书写作组以由衷的心态、超前的思维高度赞赏“一带一路”建设，“一带一路”一定会造福于沿线各国人民。由于水平有限，一定存在一些不成熟之处，愿以此激发同行、研究人员和各位民众积极参与，以慰初衷。

2017年12月18日

专家组评审意见

广东省经济安全研究院和广东国际经济协会，对“一带一路”经济规则制定进行研究，撰写完成了《“一带一路”经济规则制定研究》报告（以下简称《报告》）。2017年11月，以中央政策研究室经济局白津夫局长为组长，来自国家和省有关部门以及高校的专家组成的评审组用通讯方式对《报告》进行了评审。

专家评审组对《报告》的评审意见如下：

一、该《报告》选题超前。课题组立足新时代、把握新形势，创造性地提出了“一带一路”经济规则制定的研究，非常重要及时，对更好地推进“一带一路”建设，共同创造新时代开放发展的环境，推动构建公正、合理、透明的国际经济规则的建立具有重要的理论和现实意义，体现了课题组的全球视野和战略眼光，以及对国际宏观大势的驾驭研判功力。

二、该《报告》立意创新。《报告》对“一带一路”贸易规则、投资规则、金融规则、知识产权规则制定的顶层设计、原则、特点与标准，对建立“一带一路”发展联盟、建立“一带一路”沿线国家大通关机制，等等，都有原创、创新，亮点纷呈，体现了课题组的改革创新意识。

三、该《报告》论证较充分。《报告》立论较清晰，说理比较充分，有战略高度，有理论深度。《报告》有层次、有条理、有数据，提出问题、分析问题而又不回避难题，然后试着解决问题，提出对策建议，论证比较充分。

四、该《报告》具有一定可操作性。在对"一带一路"经济规则政策层面和技术层面进行了详实研究的基础上，所提出的意见和建议具有一定可操作性，对相关党政决策具有针对性参考价值，希望国家和省有关部门给予重视。

五、专家评审组全体成员一致同意通过评审。

请课题组根据专家意见再做修改完善。

姓名	单位	职务	学历、学位、职称	签名
白津夫	专家评审组 中央政策研究室经济局	组长 局长	博士、博导、教授	白津夫
江　涌	中国现代国际关系研究院	院长特别助理	博士、博导、研究员	江涌
曹荣湘	中共山西省委办公厅	副主任	博士、研究员	曹荣湘
李鲁云	广东省人民政府发展研究中心	原巡视员	博士、研究员	[illegible]
张金生	深圳市经信委 深圳市WTO事务中心	原党组成员 主任	博士后、高级经济师	[illegible]
庞中英	中国海洋大学海洋发展高等研究院	院长	教授、博导	庞中英
刘金山	暨南大学经济学院	副院长	教授、博导	刘金山
孙　波	广东外语外贸大学国际服务外包学院	副院长	教授、研究员	孙波

专家评审组

2017年11月28日

第一章 CHAPTER

国际经济规则制定的现状

现行国际经济规则是伴随着国际贸易、国际投资等跨国经济行为的发展而逐步形成的，国际经济规则的制定与使用有力地促进了经济全球化的发展。国际金融危机后，世界经济格局进入转变的快车道，发展中国家经济快速增长，以"金砖国家"为首的新兴经济体群体性崛起，在多边贸易体制确立与发展中的角色从边缘地位成为重要角色，参与制定国际经济规则的能力变强，国际经济权力结构朝均衡化的方向发展。改变国际经济规则中不合理成分，重新修订、制定国际经济规则成为一种共识。中国综合实力的增强也要求中国积极参与国际经济规则重构，并在其中承担相应义务。

第一节　国际经济规则制定的基本状况

一、国际经济规则的定义

国际经济规则是世界各国在国际经济交往中所共同遵守的规范与准则，这些领域包括国际投资、贸易、金融、能源等诸多方面。从广义上讲，现行国际经济规则指各国对国际贸易、国际金融、国际投资等经贸领域制定的规范与准则，其中，既包括多边规则，也包括诸边、区域、双边、单边、非政府组织、行业协会和企业等制定的具有国际经贸实际效力的规则。从狭义上讲，现行国际经济规则指关税及贸易总协定（GATT）、世界贸易组织（WTO）、国际货币基金组织（IMF）、世界银行（WB）等公认的国际组织确立的与国际贸易、国际投资、知识产权保护等有关的多边规则。

现行国际经济规则的演变可以划分为三个阶段：

第一阶段是从“二战”结束后GATT成立到1995年WTO成立。这一阶段主要由协商约束型的国际经济规则向强制约束型的经济规则演变，从单纯强调货物贸易的多边规则向货物贸易、服务贸易、投资、知识产权等多领域的国际经济规则演变。

第二阶段是从1995年WTO成立到2008年国际金融危机。在此阶段，经历了从制定多边国际经济规则活跃到制定区域经济规则活跃的转变。在WTO成立后，关于知识产权保护、服务贸易自由化、与贸易相关的投资措施等问题的讨论及相关规则日渐增加，尤其是在2001年前后最活跃。但从WTO多哈回合谈判受阻之后，各国纷纷转向区域贸易协定谈判，投资相关议题变得越来越重要，与环境、劳工、政府采购、竞争政策、发展合作、可持续发展等边境后措施有关的议题逐渐被纳入区域贸易协定谈判。

第三阶段是2008年国际金融危机之后至今。在这一阶段，区域经济合作不断升温，美国、欧盟、日本、韩国、中国、澳大利亚等国家和地区的双边自贸区不断在全球布局，包括跨大西洋贸易与投资伙伴关系协定

（TTIP）和区域全面经济伙伴关系协定（RCEP）等在内的跨区域巨型自贸区以及国际服务贸易协定（TISA）、政府采购协定（GPA）、双边投资协定（BIT）等多边、诸边、双边谈判持续升温，投资、电子商务、环境、劳工等领域的规则更为具体，其中投资规则谈判成为热点和难点，非政府组织、行业协会、跨国公司等制定的事实标准对国际经济规则重构的影响增大。

二、国际经济规则的分类

国际经济规则根据不同的依据可以形成以下分类。

（一）依照制定主体的分类

1. 以国际组织为主体的多边规则

第二次世界大战之后，美国致力于把国际组织作为多边规则的基础。在国际贸易领域，美国的最初设想就是建立国际贸易组织（ITO），只是因为来自本国的反对才改为GATT。GATT虽然不是正式的国际组织，但它一直是制定全球贸易规则、推进全球贸易自由化的主要平台。乌拉圭回合以后，WTO作为正式的国际经济组织取代了GATT。在国际金融领域，布雷顿森林体系所创立的IMF既是全球金融规则的制定者，也是国际金融规则实施的监督者。在多边规则内制定国际经济规则并不意味着所有成员都可以平等地参与规则的制定过程，无论在国际贸易领域还是国际金融领域，大国主导规则制定都是一种常态。在布雷顿森林体系中，每个国家在基金中的份额（进而也是在基金中的权限）是根据战后初期各国在全球经济中的地位分配的，美国居绝对支配地位。尽管后来引入特别提款权，重新分配份额，但美国的支配地位一直得以维持。即使到了后布雷顿森林体系，有关国际金融规则的任何新提案也都需要首先得到美国的认可。

2. 以大国俱乐部为核心的诸边规则

霸主选择大国作为战略盟友是一种必然的结果。19世纪的英国以法、德作为战略盟友，“二战”以后的美国则选择了欧洲和日本作为其战略盟友。与英国有所不同的是，美国即使和战略盟友之间的关系也有明确的协调规则。最早的此类组织要属经济合作与发展组织（OECD）的前身——欧洲经济合作组织（OEEC），它是配合“马歇尔计划”应运而生的，与北约共同构成了当时西方阵营的两大组织，1961年，在此基础上正式成立OECD。作为发达国家俱乐部，OECD不仅制定适用于发达国家的经济规则，如《造船补贴协定》《反贿赂公约》《多边投资协定》（MIA）等，而且还协调发达国家在多边规则中的立场。在乌拉圭回合谈判启动之前，美国要求把一系列新领域纳入到谈判进程之内，遭到了发展中国家的反对。当时美国国务院发言人建议，如果发展中国家继续反对把新问题纳入到谈判进程，他们将寻求与“志向相同（like-mind）”的伙伴进行歧视性谈判，并威胁要组建以OECD国家为主体的“关贸总协定附加国俱乐部（GATT-Plus）”。不过，这一发展趋势的前景在1998年受到了挑战，当时OECD国家对一项多边投资协定的谈判以失败而告终。

发达国家组建的大国俱乐部参与国际经济规则的另一个主要领域是协调国际经济政策。严格说来，国际经济政策并不等同于国际经济规则，但就其作用而言，它类似于短期经济规则。大国之间通过协调其经济政策可以主导全球经济的走势，影响各国政府的经济政策。在这方面，“七国集团”是最重要的机构。和OECD相比，“七国集团”成员更少，更容易达成政策共识。“七国集团”最初是第一次世界石油危机发生后有关国家为应对石油危机而创建的，为此，它们成立了由世界主要石油需求国组成的国际能源署，用以对抗石油输出国组织。该组织成立之后为稳定世界石油价格采取了一系列措施，包括发达国家的石油储备体系等。进入20世纪80年代以后，保守主义政府在英国和美国执政，它们反对国际范围内的政策协调规则。然而，当面对不断恶化的美国贸易逆差（全球经济失衡）时，美国的立场发生了重大改变。里根政府依托“七国集团”的协调，签署了著名的“广场协议”。此后，“七国集团”在国际经济政策方面的协调范围越来越广，涉及汇率政策、货币政策、财政政策、能源政策、贸易政策、环境政策，乃至为美国出兵科威特融资。目前，对人民币汇率的国际压力很大程度上也都来自于“七国集团”。不过，近年来由于中国、印度、巴西、俄罗斯经济的发展及其对国际经济事务的影响力扩大，“七国集团”协调国际经济政策的能力开始减弱，有关接纳新成员的呼声越来越高。

3. 以区域贸易组织为主体的区域规则

以区域为主体的规则从低级到高级有多种形式（自由贸易区、关税同盟、共同市场、经济联盟、政治经济一体化），发展水平越高，所包含的规则也就越广泛、越严格。欧盟是目前发展水平较完善的区域贸易组织，所涉及的规则也是最广泛和最严格的，这些规则大致可分为以下九个领域：（1）国际贸易：共同的贸易政策不仅约束成员之间的贸易关系，而且还约束欧盟与第三国之间的贸易关系；（2）共同市场：主要是促进成员之间商品、服务、资本和人员自由流动的各项政策；（3）货币与财政：包括货币与汇率政策、支付体系、金融市场立法、银行监管、财政和税收政策等；（4）教育、研究与文化：重点是青少年教育、研究、技术及文化遗产保留等；（5）环境：共同的环境保护政策；（6）产业层次上的商业关系：可进一步划分为农业（渔业）、工业（能源）和运输业三大类，其中，共同农业政策最为突出；（7）非产业层次上的商业关系：包括企业法、竞争法和政府补贴法；（8）国际关系：包括对外政策、防卫和对外援助；（9）公民和社会保护：涉及家庭事务、司法、消费者保护、公民权利、健康、劳资关系等。基于这些规则，考虑到欧盟内部的超国家机构（如欧洲中央银行、欧洲议会等），欧盟正在朝统一的国家方向发展。

4. 大国之间的双边规则

在区域经济合作领域，大国之间有相互需要、相互依存的一面。它们在组建大国俱乐部协调相互间经济政策的同时，也倾向于通过双边规则协调相互间的立场。从谈判领域来看，双边谈判的对象往往更符合大国的特殊利益，如中国“入世”前对给予中国最惠国待遇的年度审定、双边投资条约、跨大西洋经济伙伴关系，等等，这些协定的利益显然都是不能从多边贸易体制内获得的。从谈判的规则来看，双边谈判可以避开快车道授权缺位所构成的约束，具有更大的灵活性。从谈判方式来看，双边贸易谈判可以避开多边贸易体制所要求的最惠国待遇原则，把其他国家搭便车的效应降至最低。

5. 以大国政府为主导的单边规则

在国际经济规则制定过程中，经济单边主义表现为一个国家单独制定的规则能够对其他国家产生重大影响，并最终为多数国家所接受。这种经济单边主义主要来源于一国的经济、技术的竞争优势和市场规模优势。因此，只要具备上述条件的国家就有能力把国内经济规则变相转变为国际经济规则，只是霸主国家比其他国家的能力更强。

（二）依照约束程度的分类

1. 强制约束型（以下简称“强制型”）规则

不仅成员有明确的权利和义务，而且为有效实施这种权利与义务还要有一套明确的裁决规则。WTO规则是这种类型的代表。面对强制型规则，所有国家都应该是平等的，而实际上这一点是很难做到的。

2. 协商约束型（以下简称“协商型”）规则

和强制型规则相比，协商型规则的实施通常不依靠明确的争端解决规则，而是依靠成员之间的谈判规则。当谈判对手之间的实力存在严重不均衡时，就很难保证结果的公正性。在协商型规则中，大国通常主导着规则的制定和实施过程。类似IMF、世界银行、WTO的前身——GATT的规则都属于这种类型。

3. 自愿约束型规则

当一国认为从某种规则中能够获益而自主选择遵守，反之则放弃遵守时，我们把他们称之为自愿约束型（以下简称“自愿型”）规则。这种规则的实施主要依赖于市场规则，如果一国不遵守这种规则将会受到市场的惩罚，或受到其他国家的报复。这类规则包括的范围很广，有些是主权国家之间所达成的协定，如OECD的公司治理准则、国际劳工组织（ILO）的劳工标准、巴塞尔协定Ⅱ；有些是单个国家所制定的规则，如美国的萨班斯—奥克斯利法案，任何国家的企业要想在美国证券市场上市都不得不遵守该项法律；还有一些是非政府组织所确立的规则，如穆迪债务评价标准、标准普尔债务评级等。就实施过程与实施结果的公正性而言，在这三种类型的规则中，自愿型规则是最低的，因为“弱肉强食”与“赢者通吃”是这类规则实施的基本法则。

赤道原则是自愿型规则的代表。该原则是2002年10月世界银行下属的国际金融公司和荷兰银行，在伦敦召开的国际知名商业银行会议上提出的一项企业贷款准则。这项准则要求金融机构在向一个项目投资时，要对该项目可能对环境和社会的影响进行综合评估，并且利用金融杠杆促进该项目在环境保护以及周围社会和谐发展方面发挥积极作用。赤道原则已经成为国际项目融资的一个新标准，包括花旗、渣打、汇丰在内的40余家大型跨国银行已明确实行赤道原则，在贷款和项目资助中强调企业的环境和社会责任。该原则列举了赤道银行（实行赤道原则的金融机构）作出融资决定时需依据的特别条款和条件，共有九条。在实践中，赤道原则虽不具备法律条文的效力，但却成为金融机构不得不遵守的行业准则，谁忽视它，就会在国际项目融资市场中步履艰难。赤道原则适用于全球各行业总成本超过1000万美元的新项目融资。全球已有超过60家金融机构宣布采纳赤道原则，项目融资额约占全球融资总额的85%。

（三）依照规则内容的分类

1. 货物贸易规则

早期的全球经贸谈判大多关注货物贸易的关税、补贴、市场准入等议题。近年主要的自贸协议一般要求九成以上税目数和贸易额的产品取消关税，少数敏感产品（如农产品）的市场准入往往成为一些国际谈判的热点、焦点和难点。在推动自由贸易的同时，WTO也允许其成员实施反倾销、反补贴和保障措施等贸易救济措施，以保证进口方产业免遭损失，但是，这些措施也可能被滥用，沦为贸易保护主义的工具。

2. 服务贸易规则

1994年达成的全球服务贸易开放和监管的多边框架《服务贸易总协定》（GATS）是第一部多边服务贸易协定，生效历史短，司法解释和法理实践少，尚有一些授权条款需要明确。因此，在多哈回合的服务贸易谈判中，对成员方的国内规则、紧急保障措施等进行了充分讨论。发达成员普遍认为讨论草案的雄心水平太低，要求将大部分"软纪律"变成强制约束的"硬条款"。受多哈回合总体进程的影响，对GATS的修订也基本停滞。2013年3月，欧美联合一些经济体组成的"服贸挚友"，启动了《服务贸易协定》(TISA) 谈判，目前已有48个成员参加，服务贸易总额占到了全球的2/3左右。TISA致力于在强化GATS规则基础上，制定负面清单、竞争中立、技术中立、服务模式中立、跨境数据自由流动等新规则。未来，作为旧规则的GATS和作为新规则的TISA可能最终融合，形成服务贸易规则的新框架。2013年9月，中国正式宣布参加TISA谈判，这是一项重大的战略决策。

3. 投资规则

相对于统一的国际贸易规则来说，全球投资规则是碎片化的。根据联合国贸易和发展会议（简称"贸发会议"）2017年3月16日发布的最新一期《投资政策监测报告》，截至2017年2月底，各类国际投资协定总数已逾3330个。过去几十年，欧美推动投资规则多边化的若干尝试都没有取得实质成果。2008年金融危机后主要经济体利用双边和区域渠道广泛开展投资议题谈判，准入前国民待遇加负面清单、投资者可直接对东道国提起国际争端仲裁、资金自由汇兑等新规则被越来越多的经济体接受，投资自由化倾向十分明显。中国已经成为双向投资大国，据商务部和外汇局统计，2016年，中国企业对外直接投资1832亿美元，连续第二年位列世界第二，大批企业走向海外，迫切需要投资协定的保护。同时，中国也需要继续吸引外资，尤其是优质外资。为此，中国政府分别与美国和欧盟进行了投资协定谈判，如果这两个投资协定能够达成，其影响可能不亚于"入世"，也将为结束全球投资规则碎片化提供契机。

4. 知识产权规则

WTO下的《与贸易有关的知识产权协定》(TRIPS) 是在美国坚持下，把北美自贸协定有关内容多边化以后缔结的，是现行全球知识产权保护体系的基石。2008年金融危机后，传统发达经济体认为TRIPS范围窄、标准低，不利于其充分发挥在教育、科技乃至企业研发等方面的强大优势，于是另起炉灶，2010年达成了诸边性质的《反假冒贸易协定》(ACTA)，对民事执法、边境措施、刑事执法以及数字环境下的知识产权保护作出了非常高标准的规定，以至于目前除日本外，欧美等谈判方能否通过国内审批程序还存在很大变数。同时，欧美在其主导的区域合作中设立专门的知识产权章节，沿用ACTA的一些表述，规定了争端解决程序，为实施高水平的保护装上“牙齿”。其目的均为全面扩大保护范围，提升执法标准。高标准的知识产权保护对鼓励创新有正面作用（对中国实施国家创新战略、打击假冒伪劣、提升全球竞争力也有借鉴意义），但对创新成果普惠大众又有一定的负面影响，因此，国际社会一直围绕知识产权保护的范围和期限问题争论不休。

5. 政府采购规则

近年全球政府采购整体规模已经超过6万亿美元，政府采购规模可达一国国民生产总值的15%，但政府采购是WTO国民待遇原则的例外，即WTO各成员的政府可优先购买国货。1979年，美国和欧共体、日本、加拿大等达成一项诸边《政府采购协定》(GPA)，GPA几经修改，形成了目前的2012年版本。各版本GPA都强调非歧视性和公开性原则，2012版本目标更多，首次纳入反腐败目标，范围更广，新增了包括中央政府、地方政府和国有企业在内的政府采购实体近500个。此外，欧美对外签署的自贸协定中都设立了政府采购条款或章节。中国加入GPA，可使国内企业获得更多进入全球政府采购市场的机会，更有助于完善中国政府采购体制，实现阳光财政，避免暗箱操作。2007年底，中国政府正式提交了加入GPA申请并初步出价，此后三次提交修改出价，但由于与GPA各参加方的要价相去甚远，而被拒之门外。

6. 国际发展合作规则

2008年金融危机的爆发使得发达经济体未能兑现其援助承诺，但新兴经济体援助快速增长，对以《巴黎宣言》《联合国千年发展目标》《蒙特雷共识》为基础的国际援助规则体系造成了冲击。此后，主要国际援助方达成《阿克拉行动计划》和《釜山宣言》，确定了“国际发展合作有效性”

这一基本规则。该规则强调，受援方拥有发展自主权，援助方要减少援助附带的政治经济条件，提高援助的针对性和效率，并承认南南发展合作是南北发展合作的有益补充。但是，该领域的规则都不具备法律约束力，违规现象时有发生。

7. 可持续发展规则

主要关注环境和劳工问题。发达经济体认为，一些发展中经济体较低的环境和劳工标准降低了生产成本，对其造成了"绿色倾销"和"社会倾销"，发展中经济体则反击发达经济体欲借此设置"绿色壁垒"和"蓝色壁垒"。由于WTO没有系统、严格的相关规则，发达经济体转而在自贸协定中纳入环境、劳工条款，不遗余力地约束缔约方国内政策，并设立了惩罚机制。其中，气候变化升级为重要的国际政治经济问题，围绕碳税、碳关税的博弈还将长期持续，环境产品贸易自由化和多边化则取得了一定进展。

总体来看，国际经济规则"泛经贸化"特征越来越明显，不仅限于边境措施，更包括边境后的国内经济体制机制，甚至还涉及政治、文化、意识形态，这更多体现发达经济体优势，对发展中经济体造成很大压力。

三、国际经济规则制定的影响因素

权力是秩序的基石，秩序的建立、延续、运转都需要权力的支撑和维护。2008年金融危机爆发以来，世界经济格局进入转变的快车道，发展中国家经济快速增长，以"金砖国家"为首的新兴经济体群体性崛起，成为世界经济增长的主要引擎。而发达国家面临技术红利消退、产业外移、赤字扩大、失业率高涨、经济增长乏力的困境，经济实力相对下降。据IMF历年发布的《世界经济展望》统计，世界经济呈现双速增长[①]的格局，新兴经济体与发展中国家占世界经济总量的比重也由2000年的23.6%提升到

① 2001~2007《世界经济展望》，2008年国际金融危机后，由于中国强有力的政策刺激，及其对大宗商品的巨大需求，带动新兴经济体快速增长，而发达经济体则总体陷入衰退，世界经济呈现双速增长格局，全球经济增长重心由发达国家向新兴经济体转移，发展中国家相对力量上升。

2010年的37%，发达国家则从76.4%降到63%。大国之间的经济总量排序也发生了重大变化，中国取代日本成为世界第二经济大国，印度、巴西、俄罗斯进“入世”界十大经济体行列。2016年，11个新兴经济体①的经济增长率为4.4%，较2015年下降0.1个百分点，但仍高于世界经济增长率的3.1%，也远高于欧盟和“七国集团”的经济增长率（分别为1.9%和1.4%），对世界经济增长的贡献率为60%，经济总量占全球的份额持续增加。

国际经济权力结构朝均衡化的方向发展，使新兴经济体成为一支可以与发达国家相抗衡的重要经济力量，具备了阻碍发达国家议题推行的能力；但从经济总量、技术水平、发展阶段、规则掌控等方面分析，新兴经济体还无力撼动欧美在国际经贸体系中的主导地位。因此，国际经济规则的修订、完善，国际经贸秩序的调整、变革的主导权依然掌握在以美国为首的发达国家手中。2008年金融危机后，国际经济规则的演变，充分反映了国际经贸权力结构的变化以及发达国家与新兴经济体在争夺规则制定的话语权中的激烈博弈。

拥有国际经济规则制定权能够给当事国带来额外的收益，虽然以中国为首的新兴市场国家在经济成长中占有优势，但并不意味着就能在全球经济规则重构中居于主导地位。决定一国在国际经济规则制定过程中的影响力有许多因素。

（一）意愿和能力

历史上，美国长期奉行孤立主义，不愿参与国际事务。经济文化上，通过立法最大程度限制与国外的贸易和文化交流。虽然早在20世纪末期，美国在综合国力上都已经跃居资本主义国家首位，但是其孤立主义的外交方针限制了其参与国际规则制定的能力。第二次世界大战之后，美国成为国际体系中的超级大国，美国的外交政策发生了巨大的变化，孤立主义原则被否定。随着美国“二战”后参与塑造国际规则的意愿和能力提升，美

① 2010年，博鳌论坛发布首期《新兴经济体2009年度报告》，并首次将阿根廷、巴西、中国、印度、印度尼西亚、韩国、墨西哥、俄罗斯、沙特阿拉伯、南非和土耳其定义为“E11”（新兴十一国）。

国一反过去的单边主义，竭力推行多边合作，经济领域建立IMF、世界银行、GATT，美国多边主义外交政策成为现有国际经济规则的基础。在国际经济领域，1944年建立起稳定国际货币和金融的布雷顿森林体系，其中的IMF和世界银行至今仍在运作。1948年在美国的鼓动与努力之下，以多边主义为基础，主张国际经济合作，大力促进国际贸易的GATT宣告成立（1995年GATT为WTO所取代），美国在GATT的多轮谈判中始终扮演着重要的角色。从美国对国际规则制定的参与来看，参与者的意愿与能力是其制定国际规则不可缺少的双因素。

（二）市场规模

在国际经济关系中，国际贸易和国际金融是最主要的内容，因此，在某种程度上市场规模比经济规模更为重要。市场规模在国际经济规则博弈过程中的作用是简单明了的：要么接受我的规则，要么退出我的市场。在19世纪的英国霸权时代，英国的国民生产总值并不是最大的，即使在1840年的鼎盛时期，其国民生产总值也低于俄国；到1910年，按国民生产总值计算，俄国、德国、美国都超过了英国。但就贸易额计算，英国一直稳居世界第一。这就为英国主导全球经济规则提供了必要条件。第一次世界大战结束之后，英国的贸易额第一的地位开始为美国所取代。这就为“二战”以后美国主导全球经济规则奠定了基础。进入20世纪80年代以后，随着跨国公司产业内贸易、加工贸易、“外包”业务的发展，贸易额本身已经不再是一国市场规模的准确衡量指标。但就经济结构相似的国家而言，这一指标仍然有着十分重要的国际比较意义。

（三）贸易政策

如果说市场规模是决定国际经济规则制定权的必要条件，那么市场开放度就是决定规则制定权的充分条件。一国只有愿意为世界其他国家提供出口市场，其市场规模才会成为国际经济规则博弈过程中的砝码。“一战”前的英国和“二战”后的美国都保持了最低的关税税率（1913年之前英国制成品关税税率一直为0）。在《科布顿—谢瓦利埃协定》中，英国同意废除所有制成品关税，把对白兰地征收的关税降到殖民地产品的水平，并降低葡萄酒的进口税。所有国家都得到了这种减让，其中法国的获利最大。另一方面，法国对英国做出的让步却只限于降低煤炭和焦炭、条铁和生铁、钢、机器工具、纱线、大麻及亚麻制成品的进口关税。两次世界大战期间，美国的市场规模尽管已经超过了英国，但其强烈的保护主义倾向表明了它根本没有主导国际经济规则制定过程的意愿。“二战”之后，日本有着类似的经历。它的市场规模仅次于美国，但其贸易保护主义趋向严重地限制了它在多边贸易谈判中的发言权。

（四）国际竞争力

国际竞争力的高低在很大程度上决定了一国对待自由贸易政策的立场。过去200年，国际贸易的发展史向人们昭示了一个规律：纯粹的自由贸易政策是强者的专利。领先的技术优势和国际竞争力可以使一国有条件向世界单方面地开放市场，即使在霸主国家内部，不同产业竞争力的差异也会影响它们对待自由贸易政策的立场。例如，作为“二战”后多边贸易体制的创建者和全球自由贸易的倡导者，美国却坚持把纺织品贸易自由化长期排除在GATT的多边贸易谈判之外。到了乌拉圭回合，这一问题才开始得到解决，并且还制定了长达十年的过渡期（乌拉圭回合在其他领域所达成的协议都没有如此长的过渡期）。

（五）国际经济协调能力

对霸主来说，要成为国际经济规则制定过程的主导者，让多数成员接受其主导者的地位是至关重要的。对普通国家来说，扩大对国际经济规则制定过程的影响力同样需要寻找利益伙伴，协调立场。19世纪，英国的霸主地位得益于法国和德国的合作。在国际金本位制中，伦敦—巴黎—柏林形成了阶梯形的国际金融中心。而两次世界大战的爆发则反映了德国不甘于成为英国的一个小伙伴。“二战”以后，美国为增强其国际协调能力建立起了一整套国际经济的机构和制度，如布雷顿森林体系下的固定汇率制、IMF及世界银行、以GATT/WTO为基础的多边贸易体制、协调发达国家立场的OECD、“七国集团”等。即便如此，欧洲和日本的崛起还是削弱了美国的国际协调能力，致使布雷顿森林体系瓦解。

（六）参与区域经济合作的程度

霸主的基础是建立在庞大的市场规模之上的，后来者要想挑战霸主的地位就必须加快扩大自身的市场规模。加快经济发展速度是扩大市场规模的一个基本选择，但对于小国来说，依靠这种方式永远不可能赶上大国的市场规模。因此，通过区域经济合作形成更大的市场是小国影响国际经济规则制定过程的一个重要选择。“二战”以前，区域经济合作更多地表现为宗主国与殖民地之间的经济合作，如英联邦。不过，这种合作是以政治上的不平等关系为前提的，并不是真正意义上的区域经济合作。“二战”后，以欧洲经济共同体的形成为标志，区域经济合作迅速发展，尤其是20世纪50年代以后殖民体系的瓦解促使发展中国家之间的南南合作曾一度成为区域经济合作的主流。欧洲经济共同体的产生与发展逐渐形成了一个能够与美国相抗衡的大市场，并在国际经济规则制定过程中发挥越来越大的作用。到了90年代以后，全球区域经济合作进入了一个新的发展阶段，一个突出特征就是大国之间的竞争越来越演变为区域经济合作组织之间的竞争。大国对待区域经济合作的立场发生了变化，这突出表现为大西洋两岸为争夺国际经济规则的主导权而展开的竞争。进入21世纪以后，欧美两极已经不再是原来意义上的美国和欧洲经济共同体，而是演变为北美自由贸易区（以及将来的美洲自由贸易区）和由25个国家组成的新欧盟。在国际经济规则制定过程的未来博弈中，一国参与区域经济合作的程度将直接决定它对规则的影响力。

（七）政治与军事霸权

现实中所有的经济霸权都对应于政治与军事霸权，国际政治秩序与经济秩序总是统一的。19世纪英国的海军是维护全球经济秩序的主要力量，而德国力求改变在国际经济规则中的从属地位也只能求助于军事对抗。20世纪90年代以前的两个平行世界市场也是以美苏“冷战”为前提的，经互会与华沙条约组织共同构成了苏联—东欧社会主义阵营的基础。即使在“冷战”结束之后，美国的经济霸主地位也是与其政治、军事霸权密切联系在一起。一方面，美国的政治、军事霸主地位是其维护经济盟友关系的重要基础；另一方面，美国力求运用经济手段巩固其政治、军事霸主地位。

伊拉克战争结束之后，美国正式提出与中东国家建立自由贸易区的建议就是一个典型的例子。从纯粹的经济角度看，这一建议对美国几乎没有什么意义；而从政治角度看，它对于美国的反恐战略、能源安全却具有至关重要的意义。政治、军事及其他非经济因素的影响从另一个角度印证了国际经济规则制定过程的非公正性。

四、发展中国家参与国际经济规则的情况

（一）发展中国家和新兴经济体在多边贸易体制确立与发展中的角色从边缘地位成为重要角色

1. 发展中国家在多边贸易体制中从少数成为绝对多数

当前WTO成员数量从最初的23个扩大到2014年的160个，其中28个是发达国家成员，其余均为发展中国家和经济转型国家。GATT从最初期的“富人俱乐部”成为全球性的WTO。

2. 发展中国家经贸权益逐步受到重视

1965年GATT加进贸易发展的三个新条款；1979年GATT通过“授权条款”，对发展中国家设立“差别和更加优惠的待遇”。

3. 发展中国家与发达国家抗争

随着加入GATT的发展中国家急剧增加，在GATT乌拉圭回合发起时，发展中国家在谈判议题上开始与发达国抗争，如以同意纳入服务、与贸易有关的知识产权谈判换取纺织品服装协议谈判，在WTO前言和各项协定与协议中对发展中国家成员均有一些特殊待遇。

4. 发展中国家对规则的关注

WTO建立后，随着发展中国家成员的扩大，发展中国家日益关注有利于本身发展的规则的加强和落实，对超前的和挑战更大的新规则，采取冷对和抗拒的态度。

（二）就整体发展中国家而言，要想参与国际经济规则的重构，应从以下方面努力

1. 应该调整对新规则的对抗战略，摆脱员多力薄的谈判困境

WTO决策构建在“成员驱动型”和经贸实力的基础上。在WTO成员

数量上，发展中国家成员已在160个成员中占到71%，但在整个世界贸易比重上，只占40%。在经贸实力仍弱和规则制定能力不足的状态下，一味对抗新经济规则的纳入，对巴厘岛会议决议出尔反尔，使多哈回合谈判曙光褪去，重起谈判契机再挫，加重多哈回合谈判难度，将会两败俱伤，得不偿失。

2. 整合发展中国家对规则重构的诉求

发展中国家中有一般发展中国家，有最不发达国家和新兴经济体。它们在WTO中关注的权益并不一致，存在矛盾。如在多哈回合农业议题谈判中，"以巴西、印度为代表的发展中国家组成'20国协调组'（G20），要求欧美大幅度削减农产品关税和扭曲贸易的农业补贴；以印度尼西亚为首的发展中国家组成'33国协调组'（G33），要求给予发展中国家'三农'以特殊和差别待遇；非洲'棉花四国集团'联手，要求美国大幅削减其棉花补贴；以南非、巴西为首的11个发展中国家成员组成了'非农11国集团'，主张切实保证发展中国家在关税方面'非对等性减让'原则的落实；以中国等新加入WTO的成员组成'新成员集团'，要求考虑其在加入过程中作出的巨大贡献。此外，'最不发达国家集团''非加太集团''弱小经济体集团'等，也作为整体提出议案争取利益。各谈判集团利益诉求的多样性，不断稀释多哈谈判的雄心水平，并使本轮谈判的矛盾主体从以往的'南北矛盾'转变成为'南北矛盾+南南矛盾'"。这种情况，在多哈回合其他议题谈判中也有表现。在发展中国家成员中，新兴国家在国际经济规则中的作为更为引人关注。

3. 新兴经济体加大规则重构中的作用

20世纪90年代后，新兴市场国家或新兴经济体崛起。1993年，美国总统克林顿在制定"国家出口战略"时，把经济增长最快、市场潜力最大的十大"新兴市场"作为贸易对象，它们是墨西哥、巴西、南非、波兰、土耳其、中国、印度、印度尼西亚、韩国等。进入21世纪后，西方媒体和经济学家提出的新兴经济体数目不一，英国经济学家列出32个，《纽约时报》列出26个，世界银行前行长詹姆斯·沃尔芬森列出30个，国际清算银行列出23个，其中有几个大国居于重要地位。2001年，美国高盛公司的经济学家奥尼尔把其中最大的新兴国家——巴西、俄罗斯、印度和中国专门提出，并冠以金砖国家（BRICS），认为它们互补性强，可以相互促进，共同发展。2010年12月，南非加入BRICS。BRICS总人口占世界人口的43%，幅员广阔，发展潜力巨大，经济总量已占世界经济总量的20%，占所有新兴国家经济总量的一半以上，它们已成为多边贸易谈判中制衡发达国家的重要力量。

新兴经济体在国际经济规则重构中作用的加大取决于以下几个问题的处理：首先，它们能否主动减少在多边贸易体制中享受的各种特殊和差别待遇；其次，它们能否就发展中国家提出的各种诉求进行整合；再次，它们能否从多边贸易体制完善出发，尽可能做出力所能及的让步，以助多哈回合谈判尽早成功结束。

第二节　对现行国际经济规则的基本看法

国际经济规则的制定与使用有力地促进了经济全球化的发展。2008年金融危机后，在国际上出现了“去全球化”或者说“再全球化”的趋势。无论是去全球化或者说再全球化，核心都是改变国际经济规则，重新制定国际经济规则。对于现行的国际经济规则需要辩证地看待。

一、维持了世界经济运转的基本秩序

国际经济规则是世界经贸发展的历史产物，属于世界经济的上层建筑，代表世界经贸发展的要求，在促进世界生产力发展的同时，也在调节生产关系。现有的国际经济规则是在西方大国主导下制定的，反映了市场经济的基本规律，总体上维护了国际经贸秩序，为各国参与国际市场提供了可预见的环境。它们推动了战后的贸易自由化和投资自由化，加大了全球市场的开放与融合，为各国充分发挥比较优势和建立竞争优势创造了条件，比较公正有效地解决了成员间的贸易争端，避免和减少了贸易战，抑

制了2008年世界金融危机引发的贸易保护主义的滥用。

总体来讲，"二战"以来，欧美等发达经济体为充分发挥各自比较优势，大力推动贸易投资自由化，开拓全球市场，主导搭建了一套完整的全球经贸体系。客观地讲，其作用总体上是正面的，营造了相对稳定的国际经贸环境，促进了世界经济平稳发展。一是倡导经济自由化，WTO的多次谈判都体现了自由贸易和投资的主张。二是推行市场经济体制，推动了世界市场的扩大和经济全球化的深入。三是保护产权和鼓励创新，市场经济完善的国家都很注重创新能力的培育，产权保护严格，并希望推向世界，成为国际标准，在一定程度上体现了"先进带动落后"的大趋势。四是通过协商妥协来争取共赢，WTO等各类国际组织总体是开放的，允许各方提问、争吵、谈判、妥协，正和博弈远多于零和博弈。

二、现行国际经济规则的不适应性

（一）现行体系不能适应各经济体实力对比的变化

新世纪以来，金砖国家等新兴经济体迅速崛起，在中低端制造、投资等领域的竞争力快速提升，2013年，发展中经济体占全球经济的份额首次超过发达经济体。发达经济体普遍感受到新兴经济体对其竞争优势构成了挑战：新兴经济体作为现行体系的最大受益者，热衷于"搭便车"，并以多种方式威胁国际经济秩序。2008年金融危机后，发达经济体继续主导全球经贸体系重塑，要求新兴经济体承担更多国际责任，以期巩固和强化自身优势。新兴经济体则认为，现行体系反映发达经济体利益，它们一直处于被动接受和遵守状态，并没有获得与其实力相匹配的话语权和影响力，同时，它们认为自身发展阶段还只能承担"共同但有区别"的国际责任。2008年金融危机后，新兴经济体也提出一些重塑要求，但总体上"成事不足，败事有余"，缺乏新规则的建构能力。为此，新兴大国加强合作，争取共同发声，如金砖国家已经宣布成立金砖国家开发银行，拟建立资金规模为1000亿美元的应急储备基金，希望完善国际经济治理，增强国际规则的发展成分。此外，各发达经济体之间、各发展中经济体内部也在不同领域存在不同程度的利益分化，对体系重塑各有主张。作为实力雄厚的市场主体，跨国公司在重塑中有着切身利益，它们往往通过影响各国政府进而影响国际谈判。代表某些特定行业利益或某种意识形态的非政府组织也在各种国际谈判中竞相发挥场外作用。

（二）现行体系无法满足全球价值链深化的要求

近来，经济全球化的一个显著特征是全球价值链的形成和深入发展。越来越多的商品与服务需要在不同地区经过众多环节才能最终完成，涉及商品、服务、投资、技术和人员在多个经济体间的流动，这就要求价值链上各经济体的经济规则必须有效整合、协调一致，保证各环节都能衔接紧密、运转顺畅。但现行治理平台不能很好协调各经济体的经济政策，一些规则呈现高度碎片化。如目前还没有一个类似WTO的、能“一统天下”的“世界投资组织”及多边投资规则，双边和区域性投资协定约3200个，这些协定五花八门、各自为政。

（三）经济全球化新问题呼唤新的体系重塑

现行体系无法涵盖经济全球化带来的新问题，例如金融规则对量化宽松引发的金融动荡“失语”；服务贸易体系甚至难以明确大数据、云计算、社交网站等新兴服务所在的门类，不能适应新一轮科技革命和产业变革的要求；蓬勃发展的跨境电子商务闯入规则空白地带；环境保护、气候变化、劳工、人权、反腐败等逐渐与经贸挂钩，成为经贸谈判新问题。现行体系暴露出越来越多的规则“真空”，许多经济体都注意到这点，纷纷涉足相关领域，加快提出自己的解决方案，以期夺取新规则制定的先机，抢占未来竞争的制高点。

第三节　国际经济规则趋势分析

2008年爆发的全球性金融危机成为全球经贸治理体系的转折点。新兴市场国家的群体性崛起，使得以欧美为代表的发达国家在现行的国际规则框架下无法继续保持绝对的竞争性优势。改革全球经济治理机制，构建国际贸易投资新规则成为了发达经济体力求占据制度“霸权”地位的主要表现。

一、规则理念从追求贸易自由向追求贸易公平演进

未来由于国际经济规则的领域逐渐向边境后延伸，在针对一部分发展中国家时，仍将以重视自由贸易为主，而在针对发达国家和中国等新兴市场国家时，将由强调自由贸易向更加重视公平贸易演进、从强调削减关税向强调监管协调演进、从强调市场准入向强调公平竞争演进。同时，“公平”的背后也可掺入有利于主导国家的战略导向，如一些谈判中的国有企业的竞争中立原则议题。尽管谈判各国有不同诉求，这一议题仍存在不确定性，但该议题体现了很强的与中国、新西兰等新兴市场国家国有企业竞争的战略意图，有利于欧美等以私营企业为主体的国家发展经济，必将受到更多国家的重视。

二、规则内容从边境上措施向边境后措施演进

通过促进市场开放和贸易投资自由化，深化、细化国际分工，推动国际经贸发展，是在更广阔的领域自由配置资源与要素的必然要求，是经济全球化的题中应有之义。体现在国际经济规则内容上，则表现出由边境上措施逐步延伸至边境后措施的趋势，其背后反映出各主要经济体利益诉求的演变与差异。以美国为例，随着其投资、贸易的全球化，美国急需打开别国市场，因此，美国过去主推的国际经济规则主要体现在边境上，以降低关税与非关税壁垒、强调市场准入和针对实体经济为主。随着欧美等国的经济发展、产业升级、投资和贸易全球化以及价值链的全球化，他们迫切需要打破发展中国家的国内规制壁垒，从而为其跨国公司获得“公平”竞争机会、市场资源、安全投资环境以及地区主导权的实现做规则上的准备。

现在主要发达国家和部分发展中国家的关税壁垒已经较低，因此，未来的规则释放空间必然向一国边境后转移、向虚拟经济领域延伸，通过各

种国内规制，在技术、环境、劳工、知识产权保护、竞争政策、监管方式、执法等方面消除贸易与投资壁垒。

三、规则性质从自愿型向更多强制型演进

在目前多边规则发展受阻的情况下，相对而言，自愿型和协商型规则达成共识并执行的成本较低，更易为各方所接收，因此率先出现。然而，这些规则背后仍体现着强权国家的主导利益。为了将规则固化并扩大影响力、增强执行力，这些规则呈现出逐渐演变为强制型规则的趋势。以美国为例，往往先由其跨国公司、行业协会、非政府组织提出某些规则标准，进而形成某一行业实际上的准入标准，由有意进入美国的企业自愿实施，最终将形成事实上的规则标准，并有可能上升为国际经济规则。又如，强制型国际经济规则的代表WTO的很多规则，最初都来自于自愿型规则。因此，国际经济规则存在从自愿型向强制型转化的趋势，规则制定组织存在从单边向双边、诸边、多边转化以及从松散型组织向WTO此类组织转化的趋势。

四、规则执行从概念化向可操作化演进

纵观现有的国际经济规则演变，无论是投资政策，还是环境、劳工、竞争等政策，其执行都体现出从概念化向可操作化转变的趋势。美国在北美自由贸易协定（NAFTA）中对投资者的保护还很宽泛，到2004年BIT范本就已对投资涵盖的范围及投资者——东道国争端解决机制等作了详细规定，并加强了国内法律透明度，完善环境和劳工条款等规定，提升其可操作性。2008年国际金融危机后，美国经济低迷，相应的，其2012年BIT范本对金融审慎例外安排进行了明确界定，同时增加了投资者在环境和劳工保护方面的义务，目的是保护美国作为东道国的金融规制权和国家利益。后来美国提出在劳工和环境条款中加入争端解决机制，并对限制渔业补贴等具体环境领域提出有强制执行力的规则，等等。可见，在国际经济规则中，符合主导国家利益的一些重要条款将变得愈加可执行、可操作。

五、规则制定主导权的博弈更趋激烈

国际经济规则制定的实质是规则主导国家通过输出规则，达到实现自身政治经济利益的目的。从国际经济规则的制定看，在其磋商及表决中，新兴市场经济体的话语权将随其政治经济实力的增强而增强，从而使国际经济规则的制定更加公平，更加考虑发展中国家的诉求。但国际经济规则"非中性"的性质不会改变，主导者必然得到更多的规则制定"红利"，因此，国际经济规则制定的权力博弈仍会继续，并且随着发达国家与新兴经济体之间实力差距的缩小而变得更加激烈。

六、规则重构从以多边平台为主转向以自贸区平台为主

从WTO多哈回合的进展看，多边谈判的难度较大，国际经济规则在多边平台上直接得以实现的时间成本和谈判成本较高。纵观过去，大国利用区域贸易协定影响全球经济规则是其主要手段。如，美国推行的竞争中立政策早先已由OECD进行研究，之后该规则在2012年美国和欧盟的《欧盟与美国就国际投资共同原则的声明》中得以推行，未来势必影响到中国等国家的国有企业竞争规则。从诸边规则入手推动多边规则的制定，将会成为受各国推崇的发展路径，未来自贸区将会成为国际经济规则重构的重要平台。

第四节　国际金融危机后主要国际经济规则的调整

2008年国际金融危机后，需要更多的国家参与到世界经济治理中，于是形成了新兴市场国家和发达国家共同参与规则制定的局面。当前，国际经济形势依然复杂严峻，世界经济仍处于深度调整期，经济的不稳定、不确定因素增多，经济因素与非经济因素交织，一些风险有长期化、常态化趋势。全球治理体系距离公平、合理、高效的目标还有很多不足。

一、G20与全球治理的新发展

进入21世纪后，新兴经济体的崛起已是不争事实，到2010年，G20中新兴经济体的经济总量（按国民生产总值和购买力平价衡量）已经占发达经济体的70%，而前者的总人口是后者的3.5倍。任何人都无法再继续忽视新兴经济体的影响力，在发达国家与新兴国家之间贸易量如此巨大，而新兴国家又拥有大量外汇储备的情况下，美国需要新兴国家在推动全球经济发展过程中承担更大的责任。由于治理格局终究由权力格局决定，美国自知不可能阻止新兴国家崛起，也无力阻止全球经济治理格局变迁，但通过G20，美国至少可以影响这种变迁的发展方向甚至发展速度，从而在其影响力彻底衰落前最大限度地从现行国际经济体系中攫取好处。2008年金融危机爆发后，美国和欧盟相继陷入债务危机中自顾不暇，依靠新兴国家推动世界经济复苏成为最现实的选择。但美国又不希望看到新兴国家影响力的膨胀以至削弱自己的权力，其新策略就是接纳新兴国家，并建立一种新兴国家与欧洲国家相互制衡的局面，通过G20更具包容性的制度框架，来安抚处于不满状态的新兴国家，并诱使它们支持美国领导的危机“保卫战”。G20在2008年金融危机期间发挥了前所未有的作用，已成为国际经济合作和全球经济治理变革的重要平台。全球经济治理的转型是通过其代理组织（G20、IMF、WTO）的转型实现的，因为这些代理组织是全球经济治理的核心，“八国集团”（G8）向G20的转变正引导着全球经济转型。

但是，仍要看到美国可以通过G20有效约束新兴经济国家崛起对旧有国际经济秩序的冲击，实现对新兴国家的“利用并限制”，维护其金融霸权。

（一）美国通过G20有效地维护了自身的金融霸权及美元的国际地位

2008年金融危机爆发后，改革国际货币体系的呼声高涨，面对新兴国家的压力，美国通过抓住欧盟实力衰落快于美国这一事实，巧妙地迫使欧盟承担更多的改革成本。IMF份额改革中，发达国家向新兴国家让渡的部分主要来自欧洲国家，其中德国、英国、法国和意大利分别减少0.52%、

0.28%、0.28%和0.15%，而且还让出两个执行董事席位，美国的份额基本没有变化，仍握有一票否决权。美国这种“打压”欧洲的政策并非“蛮不讲理”，欧洲经济的活力确实无法与美国相比。2008年金融危机爆发后，美国经济经过短暂衰退后很快进入强劲的复苏轨道，而欧洲经济却一直在衰退边缘徘徊，迟迟不见回暖迹象，减少欧洲在IMF中的投票权也在“情理之中”。美国在G20中充当了某种“利益协调者”的角色，它将权力从一部分成员手中转移到另一部分成员手中，自己却基本没有任何损失。通过这种方式，美国一方面让新兴国家承担了更多责任，一定程度上满足了这些国家对获得更大发言权和影响力的要求，增强了美国主导国际金融秩序的“合法性”；另一方面也削弱了欧元对美元霸主地位的威胁，实现了新兴国家与欧盟相互制衡的局面。

（二）G20捍卫了多边贸易自由化的成果

G20无疑是目前各国应对全球性经济困境最有效的平台，它更适应世界经济发展的现实需要，G20的诞生本质上是世界生产力不断发展的结果。随着生产力的突飞猛进及各国贸易壁垒的减少，经济全球化的深度和广度都达到前所未有的程度，世界各国正在编织一张真正的全球经济网络，这一网络包括两个部分，一个是各国依据本国的丰裕要素和比较优势，围绕全球价值链形成的产业分工网络；另一个是全球金融机构间通过信用拆借、资产负债等关系相互连接成的全球金融网络。贸易与金融将新兴经济体和发达经济体紧密联系在一起，原有的全球经济治理平台（G7、G8）远不能满足实际需求。

事实上，早在20世纪90年代中期，就有人提议建立类似于联合国安理会式的全球经济委员会，但遭到坚决抵制。任何世界秩序的构建都不是为了应急，但是它的再设计却需要一次危机，2008年的金融危机正是这样一次危机，其蔓延速度之快、波及范围之广超乎想象，为发达国家和新兴国家改革全球治理框架注入了重要的政治动力。2008年华盛顿峰会和2009年伦敦峰会中，G20成员进行了积极有效的沟通，很快形成通过实施相互协调的刺激政策共同推动世界经济复苏的共识，避免了20世纪30年代“以邻为壑”的贸易保护战的重演。实际上，G20已成为设定世界经济复苏议程的机构，其在应对金融危机中发挥的作用受到广泛认可。危机过后，G20似乎变得愈加务虚，历次峰会只能达成一些象征性的协议，各国对承诺的履行状况开始变得不尽如人意，引起一些学者的批评。然而，务虚对G20也是一项非常重要的功能，它可以加强各成员间的信息交流，有效地减少信息不对称问题，减小成员偏好的差异，因为“信息可以改变国家对自身利益的认识”。共识性的宣言（如每次峰会中成员都会宣誓坚定地推动全球贸易自由化）可以起到“软约束”的作用，它类似WTO协定的“棘轮效应”，避免各国向重商主义倒退。

（三）G20议题设置具有较高的灵活性

G20是非正式国际机制，各成员可根据自身偏好在会谈中提出讨论某项议题的倡议，如果该倡议得到部分成员的支持和响应，就会被纳入G20会议中。1999年首届G20财长和央行行长会议上，各国讨论的议题集中于预防与解决金融危机。此后，全球化的挑战、打击恐怖融资、国际发展援助、金融犯罪、金融制度建设、促进增长的政策、气候变化等议题相继进入G20财长和央行行长会议的讨论范围。G20升级为峰会机制后，议题范围扩展更明显，由宏观经济政策协调、国际金融监管改革扩展到多边贸易体系建设、流动性过剩、发展援助、反腐败、粮食安全、能源安全、气候变化等。实际上，美国一直试图将政治问题和安全问题纳入讨论，以此在必要时向有关国家施加更多压力。2013年圣彼得堡峰会中，美国就曾倡议讨论叙利亚问题。

二、多哈回合谈判的困境与前景

多哈回合谈判（又称多哈发展议程，简称“多哈回合”）于2001年11月在WTO第四届部长级会议上启动，是WTO成立以来的第一轮多边贸易谈判，是迄今参加方最多、议题最广的一轮谈判，涉及农业、制造业、服务业、贸易规则、知识产权、发展、贸易与环境、贸易便利化等众多议题，涵盖95%以上的全球贸易，其中农业和非农产品市场准入被认为是最关键也是分歧最集中的两个议题。多哈回合的宗旨是促使世贸组织成员削减贸易壁垒，创造更公平的贸易环境，以促进全球特别是较贫穷国家的经济发展。

多哈回合启动以来，步履维艰、进展缓慢。2014年7月下旬，世贸组织主要成员在日内瓦重启谈判进程，围绕农业和非农等核心问题再尽一番努力，以期实现年内结束多哈回合的目标。长达九天的艰苦谈判一波三折，一度似乎成功在望，最终又功亏一篑。这次谈判破裂的直接原因，是美国等发达成员与印度等发展中成员在如何具体实施农产品特殊保障机制方面存在难以弥合的分歧。所谓农产品特殊保障机制，是指发展中成员可在农产品进口激增的情况下，采取提高关税等特殊保障措施以保护本国农业免受冲击。以印度为代表的发展中成员希望能放宽动用特殊保障措施的底线，来充分保护本国相对脆弱的农业生产和农户生计，维护粮食安全，但美国拒绝让步，其强硬态度直接导致了谈判破裂。

进一步分析，这次谈判破裂是发达国家和发展中国家矛盾长期积累的结果，而症结集中在农产品补贴问题上。多哈回合目前的核心问题就是农产品补贴。降低特殊保障机制动用底线，不仅是印度和中国的要求，也是100多个发展中国家都表态支持的要求。因此，问题的实质不是美国与印度、中国的矛盾，而是发达国家与发展中国家的矛盾。事实上，谈判中美国在削减农业补贴问题上并未真正让步——虽答应将补贴额由每年170亿美元降至145亿美元，但得益于国际粮价上涨，目前美国实际发放的补贴数额仅为70亿美元，还不到新提议的一半，反而有增补的空间，这显然难以满足发展中国家的要求。随着实力和地位的上升，发展中国家已经不愿意继续照顾发达国家，被动地接受不利于己的规则。

值得一提的是，特殊保障机制在发展中成员内部也引起了分歧，并成为影响谈判进程的另一个因素。以乌拉圭和巴拉圭为代表的部分发展中成员由于出口的农产品品种相对集中，担心放宽对发展中成员采取特殊保障措施的限制会妨碍其出口。而美国等发达成员则利用这一点，试图分化发展中成员阵营。

从更深层次看，全球经济发展不均衡、利益格局日趋复杂化、贸易保护主义进一步抬头，是实现贸易自由化的根本阻力。随着美国次贷危机逐步蔓延、全球经济滞胀风险加大，贸易保护主义在很多国家尤其是发达国家有回潮之势。从这个意义上说，此次谈判受挫也属预料之中。对于欧美发达国家来说，严格限制发展中国家动用特殊保障措施，目的是继续保护本国农产品顺利进入发展中国家市场。目前，主要发达国家不仅维持着巨额农业补贴，而且保持着非常高的农产品关税，如欧盟、日本、挪威的农产品进口平均关税分别为22.8%、41.8%和70.7%（相比之下，我国农产品关税已从“入世”前的54%下降到了当前的15.3%）。就是在这种情况下，发达国家仍要求生产率相对低下的发展中国家全面开放市场，并动辄以知识产权、投资协定相要挟，这对发展中国家显然有失公允。

一些专家指出，即便此次印度做了让步，美国也可能找其他借口不妥协。事实上，谈判破裂时不但尚未触及美国不愿让步的棉花问题，且由于布什政府的贸易授权已经到期，即便达成妥协，有关协定也很可能因保护色彩浓厚的美国国会作梗而无法通过。与此同时，欧盟内部的分歧也愈演愈烈。谈判期间，以法国（欧盟农业补贴的最大受惠国和欧盟最大的农业国）为首的九个欧盟成员结成同盟，一致要求欧盟贸易委员曼德尔森在谈判中必须为欧盟争取到更好的条件，这也影响到妥协的达成。

多哈谈判破裂的不利影响更多是间接的和心理层面的。首先，多哈回合所承诺的开放贸易和促进发展的目标无法实现，世界贸易规则中的不合理成分也无法得到纠正。作为发展回合，多哈谈判破裂使发展中国家尤其是最不发达国家遭受的损失最大，但发达国家同样遭受损失：忍受更高的通货膨胀率，极度贫困的地区可能成为滋生恐怖主义的土壤，产品和服务不能顺利地进入规模日益扩大的新兴市场，等等。其次，各方对巩固多边贸易体系、助推全球经济发展的期望再次落空，沉重打击了对多边贸易体制的信心，将刺激贸易保护主义势力进一步抬头，引发更多贸易纠纷，给世界经济增添新的阴霾。有专家警告，现在的情况与20世纪30年代有相似之处：1929年华尔街金融危机后，主要西方国家未能体现出携手共克时艰的合作精神，而是争先恐后建立贸易壁垒、实施贸易保护，导致世界贸易下降和经济衰退之间形成相互强化的恶性循环。最后，如果从更高的角度看，多哈回合实际上是对各方在多边框架下达成全球性协议能力的一次严峻考验，若多哈回合一再遭遇失败，外界会对各方在全球框架下解决气候变化、能源和粮食危机等复杂问题的能力产生怀疑。

三、IMF与世界银行改革

（一）IMF改革

为体现新兴市场和发展中国家在全球经济中的权重上升，IMF董事会2010年通过份额和治理改革方案。根据该方案，IMF的份额将增加一倍，从2385亿SDR（约合3298.3亿美元）增至4770亿SDR（约合6596.7亿美元），约6%的份额将向有活力的新兴市场和代表性不足的发展中国家转移。

由此，中国份额占比将从3.996%升至6.394%，排名从第六位跃居第三位，成为此次改革的最大受益者。印度、俄罗斯和巴西的份额都将在IMF内跻身前十。

按照改革后重新分配的份额比重，IMF十大成员依次为：美国、日本、中国、德国、法国、英国、意大利、印度、俄罗斯和巴西。而美国的投票权较目前的接近17%将有所下降，但依旧保持超过15%的重大决策否决权。

IMF份额和治理改革方案要实施，需要188个成员中至少85%投票权的支持。美国是IMF最大股东国，在此问题上拥有一票否决权。此前美国国会一直未批准该方案，令美国一度成为唯一一个阻挡IMF改革的国家，导致IMF此轮改革一直无法实现。美国国会阻挠这一改革，除了因为债务高企，也出于大国博弈的需要，国会中的部分共和党人担心，新兴市场获得更大话语权后，美国的控制权会削弱。

2015年12月，在因美国国会阻挠而拖延五年后，美国终于通过了IMF 2010年份额和治理改革方案，从此中国投票权升至第三位，而新兴市场话语权也得到了大幅提升。尽管新兴市场和发展中国家最终迎来了这迟来的份额，但由于美国仍否决权在握，这场改革离终点仍有一段距离。

不过，需要注意的是，美国国会在批准份额改革的同时也给IMF开出了条件：要求美国财政部推动IMF废除“系统性豁免”政策。据悉，“系统性豁免”指成员金融风险有重大溢出效应时，基金组织可以放宽向其提供金融援助的条件。由于美国仍保留了事实上的否决权，也可以说IMF的代表权改革还有很长一段路要走。

（二）世界银行改革

2010年4月25日，世界银行发展委员会通过了世界银行新一阶段投票权改革方案，中国成为世界银行第三大股东国，仅次于美国和日本。世界银行一致通过了发达国家向发展中国家转移投票权3.13个百分点的改革方案，中国的投票权超过了欧洲大国，这一改革旨在使新兴经济体在世界银行中拥有更多影响力。依据协议，中国的投票权重将仅次于美国和日本，超过德国、英国和法国。该方案中新兴经济体和发展中国家的整体投票权增加了3.13个百分点，达到47%。此外，世界银行成员一致同意增资35亿美元，填补世界银行在2008年金融危机期间的大量借贷，这也是20多年来的首次如此大规模增资。投票权重的转移也意味给世界银行多带来16亿美元资金，展现出中国等新兴经济体与日俱增的经济实力。

首先，改革提高了发展中国家在世界银行的代表性和发言权，充分体现了发展中国家经济实力的增强以及国际地位的提高，也增加了世界银行治理结构本身进一步的公平和合理性，有利于发展中国家在世界银行事务中更好地发挥作用。

其次，这次改革是世界银行历史上第一次以提高发展中国家代表性和发言权为主要目标的一次治理结构改革，为进一步深化世界银行发言权以及代表性的改革奠定了良好的基础，有望最终实现发达国家与发展中国家平等享受世界银行投票权的目标。

再次，改革具有很好的示范效应。世界银行是全球最大的多边开发机构，是国际金融体系的重要组成部分。世界银行率先实施代表性和发言权改革，将进一步促进IMF份额改革的推进，进一步促进国际金融机构治理框架的公平和合理性。

最后，在这轮改革中，中国在世界银行投票权有所提高，有利于进一步加强中国与世界银行的合作，更好地发挥股东国的作用，积极促进世界银行更好地坚持减贫与发展的宗旨，维护广大发展中国家的利益，在减少贫困方面发挥更大的作用。

这个改革反映了当今世界政治经济现实，是适应现实的一个改革。2008年金融危机发生后，世界一超多强的格局没有发生根本的变化，但发达国家和新兴经济体的实力和影响力在发生微妙变化。发达国家的经济状况变弱，资金能力下降，而新兴经济体经济充满活力，向世界银行增资的能力增强，这从一个侧面给世界多极化的演进做了一个注脚。更重要的是，当今世界多边主义成为潮流，许多全球性问题，比如气候变化、环境问题、反恐等，都需要国际社会通力合作才能应对挑战。

第五节　中国与国际经济规则重构

一、中国国际地位的变化

进入21世纪以来，中国的国际地位出现较为显著和重大的变化。

第一，实力地位显著上升。21世纪初期，中国的经济实力还只在世界排第七位，GDP约1万亿美元。21世纪的头八年，中国在世界经济的排位几乎是一年上一个名次，2008年跃居世界第三大经济体，2010年后成为世界第二大经济体，外汇储备跃居世界第一，一度成为世界第一大贸易大国。而且在2008年金融危机中，中国庞大的美元外汇储备和银行系统的充足资本，使中国成为危机中世界少数的中坚力量。中国的实力没有受到根本的伤害，率先走出危机，带领世界复苏，国际地位不降反升，经济总量在2016年达到11.4万亿美元，远超过排在第三位的日本。这一实力地位的变化奠定了中国国际地位变化的基础。

第二，除经济实力外，中国的军事、科技、软实力也持续上升。军事上，美国国防部认为，20多年来中国的军费每年以两位数的速度增长，这么大的投入，使中国的海军、空军等实力比20世纪90年代有了显著的提升，军事活动范围扩大。科技上，航天活动取得突破性的进展，令全世界华人骄傲，令整个世界刮目相看。在软实力方面，中国发展模式得到越来越多的发展中国家和发达国家的认可，成为不少国家试图仿效的样板。国际上出现一定程度的汉语热，也说明中国的地位上升了。

第三，十六大以来中国政府提出的“和平发展”战略，使世界各国对“中国威胁”的看法和担忧有所减弱，对中国的信任、肯定和信心有所增强。特别是自中国提出“一带一路”倡议以来，中国对外关系持续改善和发展，在联合国事务、国际经济金融改革、联合国维和、反恐、防止大规模杀伤性武器扩散、反海盗等方面的行动和表现，受到世界范围的肯定和认可。世界普遍认为，“中国由问题的一方成为解决问题的一方”。

总之，中国在国际上的地位和影响出现了明显变化，中国是负责任的大国，是维护世界和平与发展的重要力量。在2016~2018年，中国承担7.921%的联合国会费和10.2%的维和摊款，成为仅次于美国、日本的第三大会费国，以及位居美国之后的第二大维和经费贡献国。

二、中国参与国际经济规则的现状

随着中国经贸的高速发展和综合国力的提高，中国在国际经济规则完善和重构中，呈现渐进式的发展。从接受WTO规则，到熟悉规则，到运用规则，到参与规则的制定，再到在制定规则中的发言权加多，分量加重。2008年后，中国开始跻身于WTO最核心的G7成员行列，成为知识产权议题五个核心成员之一和案文起草成员之一、贸易和环境议题五个核心成员之一。

中国已向WTO提交了100多份议案，涉及农业、非农业、服务、贸易与环境、知识产权和规则等各个领域。2008年6月，中国与巴西、印度等成员提交的关于水平型推进地理标志高水平保护范围扩大、地理标志多边注册体系的基因资源保护谈判的W52号提案，已得到108个成员的支持。

此外，中国还积极参与WTO诸边贸易协议多边化，投资和信息技术协议的谈判，实施区域贸易协定战略。在国际金融方面，2014年7月底，中国与其他金砖国家合作，决定成立金砖国家开发银行。中国在以高速经贸发展对世界经贸发展贡献率提高的同时，通过参与国际经济规则的重构，肩负起负责任大国的义务。

中国的崛起不可避免地冲击了现有国际利益格局，而欧美国家作为现有国际经济规则的主导者，必然要通过运用既有规则来维护自身利益。要摆脱中国在国际经贸领域的困境，就需要借鉴欧美国家在获取国际经济规则制定权方面的成功经验，并在国际经济规则的制定中输入中国影响，逐步提升中国在国际经济规则领域的话语权。“一带一路”是中国倡议并主导的区域经济发展计划，也是中国引领世界发展的重要抓手，中国有必要适时提出并推进“一带一路”经济规则的制定，在合作框架内进行合作，协同沿线国家共同发展。

三、中国参与国际经济规则重构的趋势

目前，中国具备参与国际经济规则重塑的条件：一方面，始终坚持对外开放的基本国策，党的十八届三中全会更是凝聚了全面深化改革以及加快完善开放型经济新体系的共识；另一方面，综合国力持续提升，经济总量世界第二、外汇储备第一、出口第一、进口第二、吸收外资第二、对外投资第二。中国积极参与国际经济规则重构，既是出于自身发展需要的理智选择，也是顺应世界大势的客观要求。

（一）是获得国际制度性权利的应尽义务

目前，中国已经站在全球经贸舞台的聚光灯下，当不了躲在蚂蚁背后的大象，发达经济体对中国在国际责任、边境后措施等的要求越来越高，发展中经济体对中国开放市场的期待也越来越多，发达经济体和发展中经济体都希望中国在WTO等平台上充当其利益协调者。按照权利责任相适应的国际法原则，中国如果想顺水推舟、将自身国际影响力制度化，就必须积极参与国际经济规则重构，并在其中承担相应义务。

（二）是保障和拓展开放红利的必然选择

过去30多年，中国经济快速发展得益于融入全球经贸体系，获得了开放红利。目前，中国国家利益已遍布全球，但针对中国的贸易投资保护主义行为猛增，中国已成为贸易救济滥用的最大受害者，一些国家对中国企业走出去采取安全审查、反垄断审查等，也造成难以估量的损失。因此，中国参与重塑，营造公正合理的国际经贸环境，有利于保障和开拓国际商品和服务市场，促进资本、技术等要素在全球范围内实现优化配置。

（三）是赢得国内改革红利的有效途径

一定程度上，国际通行规则反映市场经济发展的基本规律，代表经济全球化的演进方向，中国经济发展的历程也是参考这些规则推进自身改革的历程。"入世"前后，中国进行了史上最全面深入的法律、法规、规章清理工作，中央政府清理了2300多件，地方政府清理了19万多件，由此带来的改革红利可能远大于开放带来的直接利益。新形势下，中国积极参与重塑可为全面深化改革提供有益的参照体系和目标方向，注入新的动力。

近年来，中国积极参与、引领国际经济规则的重塑，开展了一系列卓有成效的国际活动：APEC峰会、金砖峰会、"一带一路"高峰论坛、中非论坛、中拉论坛等，以实际行动（注重实效）唤起国际社会对国际相关规则的关注，并与相关国家一道，更多以增量及小步快跑方式，推进国际规则（包括经济规则）的调整。

第二章 CHAPTER

“一带一路”经济规则制定的提出

2008年国际金融危机爆发后，国际经济规则面临新的世界政治经济形势，重塑步伐加快，并呈现出规则理念、规则内容、规则性质、规则执行、规则制定主导、规则重构等众多新趋势。我国提出符合“一带一路”沿线各国利益的经济规则，在融入现有规则体系过程中逐渐获得主导权，有助于我国顺应国际经济规则演变新趋势，在全球经济调整中把握主动权。

第一节 “一带一路”经济规则制定的意义

一、“一带一路”倡议首倡国的使命

“一带一路”倡议是中国提出来的，中国理所当然要承担倡议者、谋划者、推动者的责任。这种责任，既体现在思想理念的创新层面，更体现在行动的具体落实层面。四年来，在中国政府的推动下，“一带一路”正在从构想变为现实，从战略规划变为具体项目，中国与“一带一路”沿线国家互通互联的大格局正在形成。“一带一路”继承并发扬了古丝绸之路的文化精神，与沿途国家携手“五通”和“共同体”建设，主动为各国提供更多的公共产品，这些物化的项目将实实在在地改善沿途国家的基础设施，刺激国内外消费市场，寻求新的经济增长点，以更博大的胸怀欢迎各国人民搭乘中国发展的便车，展现了中国作为负责任大国的使命感。

“一带一路”经济规则是推动中国与沿线国家经贸合作的顶层设计，也是中国主导、诸多发展中国家合力拓展区域经济发展的重要环节。目前，“一带一路”沿线国家签署的相关协定存在着碎片化、自由化程度低、覆盖面窄等问题。随着“一带一路”倡议的推行，我国需要坚持服务“一带一路”倡议的核心目标，遵循主权和互信共赢的合作原则，进行宏观层面的布局，推进高水平贸易协定谈判，设计协定范式，加强区域内外重要经贸安排的对接、协调和互动，建立一整套调整沿线国家包括投资、贸易、金融、能源等方面的国际经济规则。这诸多领域的经济规则将构成“一带一路”国际经济规则内容的创新，是实施“一带一路”倡议的重要措施。构建统筹和协调的“一带一路”经济规则有助于解决与重要经济体的利益分歧、高门槛的贸易壁垒、区域内法制和政治经济发展水平的差异等诸多挑战，推动“一带一路”倡议的顺利进行。

二、发展理念对经济规则的重构

伴随着“一带一路”倡议的推行，“自由至上”的传统国际经济法理

念面临冲击，代之以“自由与公平并重”的国际经济规则理念。“一带一路”经济规则制定将以“开放合作、市场运作”为方向，强调一方面遵守市场规律和国际通行规则，另一方面尊重各国发展道路的多样选择。概言之，“一带一路”倡议在坚持“市场运作”的同时倡导“开放合作”，相比于世界银行和WTO经济自由化和市场开放的“入场券”，显然实现了国际经济规则的理念从“自由至上”向“开放平等”的创新。这一理念的创新在“一带一路”倡议下具体规则的设计上也得到充分体现，诸如《亚洲基础设施投资银行协定》(以下简称《亚投行协定》）第二条规定：“亚投行成员资格向国际复兴开发银行和亚洲开发银行（简称亚行）成员开放。”这表明，亚投行无意与其他国际金融机构对抗，无意划分阵营和势力范围。相反，无论大国和小国，不同社会体制、文化和意识形态，亚投行均一视同仁，不搞排他性制度设计，不附加条件，完全尊重成员的独立和平等。这是“一带一路”倡议的国际经济规则对体现西方中心主义的传统国际经济规则苛求市场化和自由化的突破，直接体现“一带一路”倡议的开放合作与和谐包容理念。再如，《亚投行协定》中有关成员股权（第四条）明确亚投行决策机制不存在一票否决权，亚投行中最大的股东国中国业已宣称任何一国不因占据绝对股份而享有否决权。显然，这一决策原则构成了对世界银行巩固美国霸权的加权投票制的一种修正，以平等决策直接冲击世界银行中维护美国资本权益的国际经济规则。

“一带一路”经济规则的发展理念将为国际经济规则投射新的智慧，在合作内容上对现有国际经济规则带来创新，包括国际经济规则理念的更新与内容的拓展（涉及贸易、金融、能源、投资、争端解决等领域的完善）。同时，引导“一带一路”沿线国家经济规则经由双边化向多边化发展，并最终贡献于国际经济规则一体化发展，促进“一带一路”倡议下的经济合作法治化。

三、国际合作方式调整对经济规则的重构

“一带一路”沿线国家经济贸易结构比较单一。“一带一路”所涉及的国家相对较多，并且这些国家与我国的对外贸易整体上呈现一种上升的发

展趋势，但是，很多国家仍然存在着贸易结构单一以及贸易模式固化的问题，一些国家的经济发展仅仅依靠能源的发展、农产品出口以及廉价制成品的出口，这种单一的经济发展模式给国家经济的发展埋下了隐患，在2008年金融危机的影响下大多数国家都遭受了前所未有的损失。这种严重依赖出口的经济发展模式在“一带一路”倡议发展初始或许会为出口国带来竞争优势，但是不利于经济的长远发展。

随着多哈回合谈判陷入僵局，多边贸易体制面临严峻挑战。在此背景下，国际经济规则发展呈现出新的趋势，区域化、拓展化和差异化现象在国际经济规则发展中愈发凸显。“一带一路”的合作方式能够以发展中国家利益为立足点，积极捍卫多边经贸体制的既有成果，并统筹发展具有重要战略意义和地缘优势的区域贸易安排，以制度保障我国和沿线国家经济的可持续发展。

（一）国际经济规则合作发展的区域化

WTO素有“经济联合国”的美誉，是当代最重要的国际经济组织之一，在国际经济规则的制定方面一度独占鳌头，自1995年1月1日正式运行以来，在贸易自由化、规范贸易行为、贸易争端解决等方面发挥着协调各国利益的功能。然而，始于2001年的多哈回合谈判进展却相当缓慢，其谈判终止日期也一再延期。多哈回合谈判困境的原因是多层次的。据统计，WTO的成员方已经从1995年成立初的120个增加到目前的150多个，成员方的增多加大了谈判合作的难度，谈判各方的利益严重分歧，在敏感领域始终难以达成一致意见。在多哈回合停滞的背景下，作为GATT第二十四条、GATS第五条和东京回合授权条款等所许可的更优惠的区域贸易安排方式却繁荣发展，对多边贸易体制产生了强烈冲击。以GATT第二十四条为例，其允许WTO成员方之间缔结更加优惠的区域贸易安排，包括自由贸易区和关税同盟等形式，构成WTO最惠国待遇的合法例外。如今，世界上绝大多数国家都参与到区域贸易安排之中，截至目前，向WTO通报并仍具有效力的区域贸易安排共计249个，所辖范围囊括全球所有经济地理区域。在WTO之外，欧盟、NAFTA、南方共同市场、TTIP等多边经贸安排在各自区域经贸事务处理中发挥着愈发重要的作用。

2008年金融危机以来，由于地缘政治、经济效应、利益诉求等差异，国际经济规则日渐体现为多层面的区域规则，国际经济规则的区域化趋势进一步凸显。由此，区域经贸安排成了跨国经济治理的主要形式，区域化规则成为国际经济规则的模板。首先，区域经济规则自由化程度更高。规则的高标准性质最关键，将传统的边界控制规则拓展到边界后规则的改革，并重点关注贸易投资的便利化。其次，区域经济规则与一体化模式相匹配。由于区域经贸安排的大量出现，在国家间形成复杂的、相互交织的网络，然而实质上，区域经贸安排形成“轮轴—辐条”体系，轮轴国通过自由化的制度构建，吸引各辐条国的投资，因此，以新加坡等为代表的轮轴国的区域贸易规则将更加自由化与便利化。最后，区域经贸安排也体现出跨区域等新特征。传统上的区域贸易安排主要是在区域内基于交通便利和文化相近等因素形成“自然的”（natural）贸易伙伴，但是，新兴区域贸易安排具有跨区域的特点，已突破了传统的地理限制。在规则层面，跨区域经贸安排相应地体现出除纯粹的经济福利外的特殊价值追求，如政治利益、文化利益等。在某种程度上讲，带有歧视性的区域贸易安排之所以被当作最惠国待遇的合法例外，在于其能够增强人类共同的福祉。

传统的区域贸易安排被视为各国家之间进行优惠安排的“先行先试”场所，通过多元化、自由化和便利化的发展，从而成为多边舞台的垫脚石。21世纪以来，随着全球范围内多边主义的式微，各国开始在区域舞台上寻求立足点。因此，国际规则的区域化特征已经深刻地影响到全球经济体制，并逐渐抵消区域一体化所能增加的共同福利。其一，多边规则的进一步“碎片化”。时至今日，区域贸易安排下常常存在着众多的次区域贸易安排，众多的贸易协定使得多边规则和双边规则进一步相互交织，增加了规则的辨识成本。其二，相互规则的差异为私人投机创造了可能性。由于规则适用的多重性，在对外决策时，企业会以最大利益为目标，更多地投资于轮轴国，通过轮轴国进一步散布到各辐条国。毋庸置疑，其最终结果将是：在经贸领域中，成为轮轴国的强国恒强，而弱国愈弱。

（二）国际经济规则合作内容的拓展化

WTO乌拉圭回合将服务贸易、与贸易有关的知识产权、与贸易有关的投资等内容纳入调整的范畴，形成了WTO广泛的管辖范围。21世纪以来，面对日益复杂的国际经济政治格局，国际经济规则的调整对象进一步拓展，包括竞争政策、技术转让、腐败问题、文化权利、气候变化与生态环境、劳工权利和人权保护等。从GATT到WTO的转变过程中，谈判的议题范围扩大至21个。虽然在坎昆会议无疾而终后，谈判各方在2004年“七月框架”中将“竞争政策”、“贸易与投资政策”和“政府采购透明度”等三个新加坡议题排除在多哈回合谈判范围之外，以巩固先前谈判的成果，然而，相比于乌拉圭回合及先前谈判议题，瘦身后的多哈回合议题数量仍相当庞大。

在区域层面上，经济规则的适用范围也不断拓展，出现了涵盖广泛领域的高水平自由贸易协定，不仅体现在传统贸易自由化规则的深化之上，如新西兰—新加坡自由贸易协定废除了所有产品的关税，而且也体现在新领域自由化规则或相关规则的拓展之上，如投资自由规则、劳工标准、环境保护和企业社会责任等领域，甚至在欧盟和墨西哥的双边协定中还包括了关于国内民主发展的条款。以美式范本为典型的新投资协定在传统内容的基础上，增加了劳工标准条款、环境保护条款和企业社会责任条款，其规制内容进一步拓宽。可以说，新兴经济规则所涵盖的深度和广度对多边贸易体制造成了冲击，呈现出下一代经济规则发展的走向。

国际经济规则的拓展化现象对全球经济体制具有双重影响。从微观层面分析，议题的多样化实际上反映出不同国家的利益诉求。在经济规则谈判中，以美国为首的发达国家关注新领域，如竞争政策、环境问题等，而广大发展中国家将重点放在农产品、渔业产品补贴和国内支持等领域。在一定程度上，议题的多样化能够推动谈判博弈进程，平衡不同利益主体的要求，以“打包”的方式达成妥协。但是，议题的多样化也会加深谈判各方的意见分歧，尤其是在敏感领域，在谈判各方均不妥协的情况下，谈判进程将停滞，而这正是目前多哈回合遭遇困境的成因。从宏观角度而言，国际经济规则已从传统的贸易规则发展至国内规制、竞争政策、劳工标准等方面，其加速了经济全球化的进程，促进了全球福利正向的增长。然而，经济规则的拓展趋势也将极大地限制国家主权的行使。总而言之，国际秩序是国际社会中主要行为体尤其是大国权力分配、利益分配、观念分配的结果，而其主要表现形式就是全球性国际机制的创立与运行。

因此，发达国家积极推动、拓展的全球经济规则也必然反映大国的利益而非发展中国家的利益以及全人类共有利益，正因为如此，伴随着国际经济规则向纵深拓展，“反全球化”运动也愈发频繁。

（三）国际经济规则合作的差异化

国际经济规则的区域化发展将导致规则的差异化，经济实力的差异直接决定了各国在对外经济交往中的利益诉求有所侧重。国际知识产权规则最能体现差异性的特点。20世纪末期，国际知识产权规则以WTO和世界知识产权组织（以下简称“WIPO”）为主要平台。新世纪以来，由于南北国家在更新知识产权保护制度的问题上难以达成一致见解，知识产权的区域或双边规则开始兴起。从区域层面看，以美国、日本等西方国家为主签订了标准较高的《反假冒贸易协定》(以下简称“ACTA”)，在知识产权执法程序、边境措施等方面设置了严格的要求；从双边的角度看，近年来美国、欧盟等签署的贸易协定有较为翔实的知识产权保护规则，试图以差异化规则的方式实现竞争性自由化（competitive liberalization）的目的。不仅在知识产权保护领域，在竞争政策、投资及其相关的环境、劳工保护等领域中，由发展中国家和发达国家主导的不同区域贸易规则所体现的自由化水平和涉及领域的差异性特征非常明显。

即使在发展水平相当的国家间，双边或多边经济规则也呈现差异化。大量的贸易争端，处于中心的都是“贸易和其他”问题。“贸易与文化”议题在发达国家之间也并未形成统一观点，美国、法国和加拿大之间的分歧尤为明显，法国所推崇的“文化例外”观点与美国“文化贸易自由化”的主张相悖，这也导致了乌拉圭回合的谈判文件并未明确列明文化产品与服务的待遇问题。有鉴于此，法国、加拿大等国将“文化例外”转换成“文化多样性”，通过联合国教科文组织制定并通过了《文化多样性保护公约》，赋予国家对文化产品贸易管制的合法性。然而，美国至今未批准《文化多样性保护公约》，同时，在区域经贸安排上，美式的贸易协定减少了国家采用或维持文化政策措施的权限。在文化产品贸易方面，美国—智利自由贸易协定与美国—新加坡自由贸易协定等均采取负面清单（negative list）的方式，限制了缔约方适用文化贸易管制的范围和手段。相反，在欧盟对外签署的自由贸易协定中，缔约方采取的都是正面清单（positive list）的模式。

阿根廷经济学家普雷维什提出“中心—外围理论”，其从经济上证明了中心国家（发达国家）在国际经济发展中获利，而外围国家（发展中国家）在国际经济发展中不断被边缘化的观点。国际经济规则的发展构建着新的国际经济秩序，新的国际经济秩序对不同国家利益的关注度必然有差异，实际上也反映在不同国际经济贸易规则的差异化问题上。

伴随着区域经贸安排激增，不同发展水平国家间的经济交流与合作阻力增大，其结果自然为强者更强，弱者仍弱。换言之，发达国家间自由化水平更高，而发展中国家间自由化水平较低，发展相对受限，多边或双边经济规则的差异化最终将阻碍全球统一体制的形成与发展。进一步说，国际规则的差异化已然对全球经济体制造成威胁，尤其是发达国家不能在重要部门达成共识。

当前，多哈回合停滞不前，从某种意义上说，可归咎于美国在谈判中的消极态度，以及欧美之间难以达成“交易”。欧美之间的“交易”本质上是两大主要成员方间对利益分配方案妥协的结果。国际规则的差异化适合于“自助餐食堂”的谈判模式，却不适应“要么全有、要么全无”的一揽子谈判方案。因此，差异化利益的诉求给多边贸易体制带来了严峻的挑战。

此外，国际经济规则的差异化会进一步加剧对发展中国家的歧视。受制于经济条件，由于开放程度相对较低，规则差异化的结果极有可能加大区域间的贫富差距，进而影响到发展中国家的发展权。

四、区域合作对经济规则的重构

近年来，多哈回合谈判受挫，贸易全球化进程受阻。同时，自由贸易区、共同市场等区域经济一体化取得快速发展，各种区域经济一体化的机制与安排层出不穷。尤其是以欧美为代表的发达国家纷纷参与到双边和区域贸易协定谈判中，谈判的规模更大、标准更高，推动了全球经济规则的加速演变。2015年4月，澳大利亚与韩国签订自由贸易协定，并于2015年7月与日本签订自由贸易协定。东盟积极推动与中国、日本、印度、韩国及澳大利亚等国家开展区域全面经济伙伴关系谈判。以阿根廷、委内瑞拉、巴拉圭和乌拉圭为成员的南方共同市场于2015年初与欧盟开展自由贸易协定谈判。俄罗斯、白俄罗斯和哈萨克斯坦成立了关税同盟，并积极推动覆盖大多数独联体成员的“欧亚经济共同体”。印度也在积极与欧盟、东盟、巴西及南非等国开展自由贸易谈判。随着这些自由贸易协定的发展，区域性经济合作组织的实力和影响不断增强，对WTO构成严峻的挑战，削弱了WTO的影响力。

“一带一路”横贯亚欧大陆，涉及国家众多，区域内现有的经济合作组织为推进战略的建设提供了现实的合作平台，以区域合作组织为平台挖掘沿线国家市场潜力。丝绸之路经济带区域内除上海合作组织和欧亚经济共同体外，还存在如中亚区域合作、欧亚运输走廊、中西亚经济合作组织、突厥语国家合作委员会等多个区域性合作组织，这说明上合组织和欧亚经济共同体的成员、观察员国、对话伙伴国之间已经建立全方位联系。因此，以上合组织和欧亚经济共同体为主体框架，能进一步提升“一带一路”沿线国家的经贸合作空间和水平。21世纪海上丝绸之路也是现有合作的延续和升级，是现有合作机制的进一步推进。东盟是海上丝绸之路的关键区域，既是陆路起点又是海路枢纽。中国—东盟自贸区是推进“一带一路”的重要抓手和平台，以中国—东盟自贸区为平台并打造自贸区的升级版能够进一步挖掘中国与东盟各国的贸易潜力。

五、全球价值链对经济规则的重构

20世纪90年代，杜克大学的格里芬（Gray. Gereffi）教授提出了全球商品链（Global commodity chain，简称“GCC”）概念，这一概念把价值链与全球化组织联系起来，对生产者驱动和购买者驱动的商品链进行了比较分析。之后，全球商品链逐步发展为全球价值链，越来越强调价值链分工对企业发展的重要性，关注的领域从制造业扩展到设计、发明、制造、加工、营销、品牌、物流等领域，同时强调价值链外部环境的重要性。从全球经济的趋势来看，价值链的发展日益体现在中间产品的贸易上。目前，世界货物贸易的60%是中间产品贸易。中间产品贸易的出现改变了原有的基于比较优势基础上的国际贸易格局，构成了“全球价值链”分工体系的基础。

2008年全球性金融危机爆发以来，主要发达国家已经认识到，全球价值链对本国抢占未来竞争制高点具有重要意义，并且开始围绕资源、技术、市场、制度和规则的竞争展开布局。例如，美国和欧洲推动在贸易和投资两大领域中打造新一代的、标准更高的国际经济规则。国际产业竞争与合作的态势正在发生重大变化。可见，全球价值链的出现和展开要求国际贸易规则更多地满足生产环节分布在不同国家和地区的需要，推动了全球经济规则的变革。因此，国际经济规则正面临着世界贸易组织成立以来最全面、最深刻的一轮变革和重构。在国际权力结构和全球价值链的双重驱动下，国际经济规则的变革已成为大势所趋，但规则的变革不可能一蹴而就。从2001年多哈回合谈判进程受挫以来，以区域合作为代表的区域价值链的构建成为国际经济规则变革的集中体现。在全球性经济规则无法取得实质性突破的背景下，区域性价值链的构建将继续成为国家之间经济合作的主要形式。例如，受欧洲经济一体化的推动，20世纪90年代初，美国主导的NAFTA正式生效，非洲、拉美区域价值链共同体的构建也在加速推进，形形色色的区域性经济合作机制成为全球价值链构建的主体结构。

“一带一路”贸易合作将促进可持续发展、平衡发展、共同发展，然后由市场力量形成以中国为中心的国际产业分工体系，以“一带一路”平台形成国际分工有序的产业链条对于中国打造世界经济中心地位非常重要。在英国成为世界经济中心时，英国对印度、澳大利亚、美国进行投资和转移产业，印度生产棉花、澳大利亚生产羊毛、美国生产粮食供应英国生产及消费需求，英国向世界各国供应工业制成品，形成以英国为中心的国际分工体系。如今美国成为世界经济的中心，以美国跨国公司对外直接投资形成以美国为中心的全球生产、贸易、分配和消费网络体系，美国资本掌握着全球生产、贸易、金融、货币、技术、文化的核心地位。现有国际分工体系仍然主要以欧美为中心。中国要通过实施“一带一路”倡议逐步改变目前以美国、欧洲为中心的商品、技术、资金、货币、生产和消费体系，中国产业要加快向高端升级，生产质量更高，技术含量更大，竞争对手无法复制的高端、高价值商品及服务。正如我国古代以丝绸、茶叶、玉石、陶瓷、香料为主要产品畅销丝绸之路沿线各国市场一样，今天中国同样要发明创造出具有中国特色、他国无法复制的高技术、高价值产品及服务，供应和满足全世界的消费者。虽然目前中国已经较大程度地融入全球生产网络，但在全球价值链所处地位较低。中国要不断丰富“一带一路”倡议规划，以金融机构战略投资为先导，中国跨国公司商业投资紧密跟进，努力构建以中国核心产业为中心的全球价值链生产网络体系，推动全球形成以中国为中心的全球贸易、货币、金融、技术、人才、消费体系。

目前，中国与“一带一路”沿线国家尚未建立互补的产业内分工关系，没有形成由中国全面主导的全球价值链分工关系。西亚、中东各国的能源资源产业过分单一，中国与其只有产业间分工关系，没有形成产业内分工关系，与我国上下游产业关系配套不够紧密，未能构成平衡的贸易关系。我国要保持核心产业竞争力，加快外围产业对外梯次转移序列，生成、促进、培养和改造周边及“一带一路”沿线各国产业，与中国产业形成有序配套的分工体系，形成以中国为中心、周边为腹地、其他地区为外围的国际产业分工体系。不仅要长期保持成本优势，还要保持技术、品牌等知识产权优势以及贸易渠道、工业配套等综合优势，让沿线各国产业依赖中国产业和市场，培育亲中人才，让沿线各国政治、经济与中国衔接，受中国支配，打造与中国交通体系相连的高速公路、高速铁路和航空、航海网络，形成以中国为中心的货币金融体系，开放商品、技术、资金、货币、人才市场，构建商品、技术、资金、货币、人才等各领域大型交易场所，最终形成以中国为中心的全球开放型经济体系。

另外，从力量对比来看，以中国为代表的新兴大国群体性崛起，对世界经济的贡献比例日益增大，在世界经济中的地位举足轻重。然而，作为国际产业链下游的经济体，这些发展中国家始终未取得与其经济地位相匹配的国际话语权，在国际规则和政治游戏中只能处于被动的境地，其整体在国际组织和机构中寥寥的投票权即可见一斑。以金砖国家为代表的新兴经济体和发展中国家迫切呼吁改革，希望赋予发展中国家与其经济地位相应的国际话语权，为自身发展谋求更大空间，平等地参与全球治理。在此背景下，中国代表新兴经济体和发展中国家利益所倡议的“一带一路”应运而生，得到了广大发展中国家的热烈响应，开启了发展中国家和发达国家协同参与全球治理的新征程。

第二节 “一带一路”经济规则制定的原则、特点与标准

中国在推进“一带一路”倡议的同时，应引导沿线各国共同商定“一带一路”经济规则，使之成为一套规则体系，这有助于降低各国合作成本，推进沿线国家贸易的一体化，消除国际贸易中的不确定性，规避和稳定经济波动所可能带来的压力。作为“一带一路”倡议发起国，中国理应提出“一带一路”经济规则的原则、特点、标准等，供各参与国讨论并完善，逐渐形成区域经济规则。

一、“一带一路”经济规则制定的原则

“一带一路”倡议契合相关国家发展需要，为促进各国协调联动发展、实现共同繁荣提供了新方案。“一带一路”以和平合作、开放包容、互学互鉴、互利共赢为核心丝路精神，秉承共商、共享、共建原则，提出了建设和平之路、繁荣之路、开放之路、创新之路、文明之路的美好愿景。“一带一路”要维护和发展开放型世界经济，共同创造有利于开放发展的环境，推动构建公正、合理、透明的国际经贸投资规则体系。“一带一路”作为不同发展水平国家能够实现互利共赢的区域合作新模式，不可能实现高水平的制度安排，因为高水平的制度意味着成员较高的制度供给成本，更多的主权让渡，要想顺利实现“一带一路”这一战略，就必须要有与之相适应的有效率的合理制度，而要想实现制度的合理有效就必须遵守一定的设计原则使其符合该组织的发展要求。

（一）以利益合理分配为前提

在现存的各区域经济合作组织中，大都存在的共同问题是利益分配问题，弱势的发展中国家甚至是部分发达国家在合作关系中常常受到利益的

不公平分配，从而逐渐失去了区内合作的积极性，因而在进行制度设计时，必须以利益合理分配为前提。“一带一路”与周边国家形成利益共同体和命运共同体，不是核心和边缘的剥削型经济关系，而是平等互利合作共赢的“利益同体型”新型经济关系。

（二）以提升各成员的竞争力为目标

在区内合作中，一些成员长期处于产业链的中低端，使得该成员内企业难以形成核心竞争力，不利于该国国内产业的升级和发展，从而也使得该国失去了对区域经济合作的信心和动力，因而要想实现长远发展，就必须注重提高区内各国的竞争力，使得不同发展水平的国家都能从中获益。

（三）以区域内已有的制度安排为基础

“一带一路”既不是一个实体，也不是新的机制，而是合作发展的理念和倡议，充分利用已有的具有发展前景的国际机制，借助既有的、行之有效的区域合作平台，与区域内已有的制度安排共同发挥作用。“一带一路”不会打破现有的区域制度安排，不会与其产生重叠或竞争，而是在现有的制度安排的基础上，实施更具有建设性的制度。

（四）遵守渐进性、多样性、灵活性及妥协性的原则

由于涉及的国家、人口众多，环境复杂，地区发展极不均衡，因而区内制度的实施不宜急功近利，而应该循序渐进，在尊重各国利益和意愿的情况下逐步完善制度建设。“一带一路”不是紧密型一体化合作组织，更多的是一种务实灵活的经济合作安排，各国坚持互通有无，优势互补。由于各主权国家处于不同的经济发展水平，对于个别特殊情况的国家可以给予适当的妥协，以使得有意愿参与该项目的国家能够参与，同时在制度执行过程中也应坚持灵活性和适当的妥协性。

（五）尊重各国自主自愿精神，不设定进入和退出限制

要尊重各国的自主自愿精神，不应使用政治和经济手段，摒弃霸权主义，中国不谋求地区事务主导权，不经营势力范围，不涉及政治、安全等领域，要尊重各国进入和退出意愿，不设定进入和退出障碍，完全尊重其经济意愿。

二、“一带一路”经济规则制定的特点

所谓“一带一路”经济规则就是认同“一带一路”发展理念的国家共同遵守的行为规范或行动规则，这些国家在建设“一带一路”过程中基于彼此的经贸联系通过对话、协商、谈判等互动方式，达成的各参与方能接受的各种在基础设施、贸易、投资、金融等领域的经济规则。“一带一路”经济规则有助于沿线国家在“一带一路”合作框架下通过规则来降低交易成本、减少合作不确定性并明确参与方的权利义务。鉴于“一带一路”建设中参与主体、目标的多元性和复杂性，“一带一路”框架内建立成统一的规则体系需要经历一定过程。“一带一路”经济规则特点至少有以下方面：

（一）价值取向的共同性

参与国家有着共同的价值追求，即“一带一路”是共商共建共享的发展之路，是各国命运共同体、利益共同体之路，侧重自由及开放的营商环境构建，以共同利益为目标达到共同发展。

（二）参与主体的开放性

即凡是认可“一带一路”发展理念的国家都可以参与到其中来。除了主权国家，各类政府间的国际和地区组织在治理中也扮演重要的角色。一些市场主体如跨国企业以及相关的民间组织将发挥愈来愈重要的作用，构成重要的行为体。

（三）规则内容的协调性

“一带一路”工程复杂，其实现过程的落脚点主要集中于问题的处理和化解。“一带一路”的规则旨在解决三个核心问题：一是沿线国家交通、通信、能源等基础设施的标准、规格的协调与兼容以及通道安全和维护等问题；二是沿线国家经济规则的协调和对接，主要是双边或区域贸易投资协定的谈判、签订和更替，以维护贸易投资秩序，降低相关交易成本，防控有关贸易投资风险等问题；三是沿线国家金融监管合作，主要防范和处置相关融资项目的信用风险、市场风险等。

（四）建设平台的机制性

“一带一路”国际高峰论坛已经成为各国合作的重要多边平台，另外，以双边的高层会晤、主场外交、多边机制嵌入等双边、区域多层次经贸

治理机制辅助推动的复合型治理机制都可以助力“一带一路”经济规则的形成。

（五）主导权的平等性

由于“一带一路”沿线国家众多，难以寻求一个机制化的、统一的多边治理。在目前的条件下，这种治理结构主要表现为以中国为网络中心的多重双边关系结构，如何凝聚沿线国分化的利益，将中国与沿线国的双边关系演进为稳定的区域关系，是未来“一带一路”治理结构的发展方向。此外，中国是“一带一路”建设的倡议者，尽管不谋求“一带一路”建设的主导权，但在与相关国家建立利益共同体和责任共同体的同时，承担较大的协调治理成本，也应获得与之相应的治理权。

三、“一带一路”经济规则制定的标准

标准作为世界通用语言，在推动“一带一路”建设中，是扩大产能合作、促进基础设施互联互通和增进经贸往来的技术基础和技术规则。中国高度重视标准化对“一带一路”建设的支撑作用，倡导沿线国家加强标准双、多边合作，加强标准互认，加强技术标准体系对接，制定了《标准联通“一带一路”行动计划》，致力于促进沿线各国“政策沟通、设施联通、贸易畅通、资金融通、民心相通”，并在力所能及的范围内承担更多的义务，分享更多的经验，为沿线国家标准化能力建设做出应有贡献。

（一）互联互通标准

主要包括交通、能源、通信等基础设施领域，包括基础设施建设、网络衔接、技术标准对接、国际运营便利化等方面，加快推动构建全方位、多层次、复合型的互联互通网络。围绕当前设施联通面临的部分骨干通道通而不畅、各国技术标准不统一等挑战，共商对策，重点推进关键通道、关键节点和重点工程，优先打通缺失和瓶颈路段，提高联通能力和水平。在推进“陆、海、空、网”四位一体的“硬联通”的同时，又要加强政策、规则、标准三位一体的“软联通”，加强规划政策、标准规则、执法监管的对接合作，推进建立统一的协调机制，促进互联互通和运输便利化。

(二) 贸易便利化标准

在"一带一路"倡议等框架下，共同致力于建设开放型经济，确保自由包容性贸易，反对一切形式的保护主义，努力促进以世界贸易组织为核心、普遍、以规则为基础、开放、非歧视、公平的多边贸易体制。

要进一步推进贸易和投资自由化便利化，扩大区域市场间的相互开放，建设"一带一路"自由贸易网络，助力地区和世界经济增长。积极推进装备制造、高新技术、清洁能源、绿色环保等领域合作，实施一批有影响力的产业合作项目，打造若干示范区和示范基地。要加强关税合作，消除非关税壁垒。要加快数字联通，着力建设"电子丝绸之路"，关注宽带网络的互联互通和在线贸易的迅速发展。维护和发展开放型世界经济，推动建设开放、包容、普惠、平衡、共赢的经济全球化。

(三) 投资标准

"一带一路"投资标准包括统一投资领域标准、投资规则透明化法典化标准、投资征收补偿标准、争端解决标准以及对投资者保护标准等。

(四) 金融合作标准

"一带一路"要进一步加强资金融通，不断健全"一带一路"建设的多元化投融资体系。中国倡议成立亚投行，设立丝路基金，为亚欧有关国家急需项目已经提供了数十亿美元贷款。要继续创新国际化的投资和融资模式，打造多层次金融平台，鼓励商业金融机构互设分支，建立服务"一带一路"建设长期、稳定、可持续、风险可控的金融保障体系。亚投行、丝路基金等新型金融机制同世界银行等传统多边金融机构各有侧重、互为补充，形成层次清晰、初具规模的"一带一路"金融合作网络。

(五) 知识产权标准

建立适应"一带一路"沿线国家知识产权环境复杂性和知识产权制度差异性的标准。这些领域包括专利标准、商标标准、地理标志使用标准、著作权许可标准、数字环境下的知识产权标准等，另外还包括知识产权执法方面标准和海关边境保护措施标准，打击假冒和盗版。

第三节 “一带一路”经济规则制定的组织机构

一、名称、地点、秘书处

名称：“一带一路”经济规则制定委员会。成员由各国商务、外交官员和专家学者担任；规则制定委员会分为基础设施建设小组、国际运营便利化小组、贸易便利化合作小组、投融资合作小组等。

地点：北京。

秘书处：委员会下设秘书处，由秘书处协调各规则制定小组合作。

二、作用与职能

作用：通过加强对话协商，促进各国发展战略对接，建立一个政治互信、经济融合、文化包容的共同体，是包括欧亚大陆在内的世界各国构建一个互惠互利的利益、命运和责任共同体。

职能：通过借鉴相关国际标准，适时统一规则体制和技术标准等手段，实现基础设施规划和建设协同效应最大化。深化经贸合作，推动建立“一带一路”国家的贸易投资自由化和便利化，维护多边贸易体制的权威和效力。加强通关手续等方面信息交流，推动监管互认、执法互助、信息共享；加强海关合作，通过统一手续、降低成本等方式促进贸易便利化，同时促进保护知识产权合作。合作构建长期、稳定、可持续的融资体系；加强金融设施互联互通，创新投融资模式和平台，提高金融服务水平；探寻更好地服务本地金融市场的机会；鼓励开发性金融机构发挥积极作用，加强与多边开发机构的合作。

三、法律地位

“一带一路”国际合作高峰论坛是“一带一路”沿线国家政府间的区域多边合作组织，各委员会提出各领域内的规则拟定，呈报“一带一路”规则制定委员会审定，“一带一路”国际合作高峰论坛批准并公告。

四、合作范围

“一带一路”建设根植于丝绸之路的历史土壤，但不局限于这些沿线国家，它重点面向亚欧非大陆，同时也向所有朋友开放。不论来自亚洲、欧洲，还是非洲、美洲，都是“一带一路”建设的国际伙伴。“一带一路”概念，不同于历史上所出现的各类“经济区”与“经济联盟”，同以上两者相比，“一带一路”具有灵活性高、适用性广以及可操作性强的特点，各国都是平等的参与者，本着自愿参与、协同推进的原则，发扬古丝绸之路兼容并包的精神。从参与国家来讲，沿线范围内的各国和国际、地区组织均可参与，让共建成果惠及更广泛的区域。

五、运行机制

（一）建立规则运转合作平台

加强双边合作，开展多层次、多渠道沟通磋商，推动双边关系全面发展。推动签署合作备忘录或合作规划，建设一批双边合作示范。建立完善双边联合工作机制，研究推进“一带一路”建设的实施方案、行动路线图。充分发挥“一带一路”国际合作高峰论坛、合作委员会等机构作用，协调推动合作项目实施。

强化多边合作机制作用，发挥上海合作组织（SCO）、中国—东盟“10+1”、亚太经合组织（APEC）、亚欧会议（ASEM）、亚洲合作对话（ACD）、亚信会议（CICA）、中阿合作论坛、中国—海合会战略对话、大湄公河次区域（GMS）经济合作、中亚区域经济合作（CAREC）等现有多边合作机制作用，相关国家加强沟通，让更多国家和地区参与“一带一路”建设。

继续发挥沿线各国区域、次区域相关国际论坛、展会以及博鳌亚洲论坛、中国—东盟博览会、中国—亚欧博览会、欧亚经济论坛、中国国际投资贸易洽谈会，以及中国—南亚博览会、中国—阿拉伯博览会、中国西部国际博览会、中国—俄罗斯博览会、前海合作论坛等平台的建设性作用。支持沿线国家地方、民间挖掘“一带一路”历史文化遗产，联合举办专项投资、贸易、文化交流活动，办好丝绸之路（敦煌）国际文化博览会、丝绸之路国际电影节和图书展，做好2019年第二届及以后历届“一带一路”国际高峰论坛各项工作。

（二）**更互惠的商品贸易机制**

目前，TTIP、TISA等已稳步推进，并给各国带来一定程度的影响。TTIP、TISA等的实质在于主导国以更优惠的商品贸易便利，要求合作国降低产业门槛，统一要素标准，以推进其具有竞争优势的服务业的贸易自由化。鉴于新一轮国际贸易谈判和区域贸易协定的高标准，“一带一路”商品贸易合作机制可考虑：（1）双边或多边更优惠商品贸易合作机制。充分考虑到沿线国家的发展现实与贸易诉求，根据沿线国家中已建立的双边、多边合作机制，支持和鼓励沿线国家间选择定期或不定期对话协商、磋商与谈判等形式，消除关税壁垒以及海关程序、标准一致化、商务流动和监管环境的非关税壁垒，签署贸易或投资协定，建立双边或次区域自由贸易区等多种方式推动沿线国家商品贸易的发展。（2）对接TTIP、TISA等高标准机制。TTIP、TISA以服务业为主，在经济制度、知识产权、创新能力等方面占优势明显。应加快沿线国家自贸区建设，推动与欧美等国家签订双边或多边互惠贸易的进程，为加入TTIP、TISA等创造基础。

（三）**直接投资便利化机制**

与商品贸易类似，直接投资同样受到新生代贸易规则的影响。短期而言，应对来自新投资规则的影响、拓宽对外投资渠道、化解国内过剩产能是主要任务；长远来看，实现资本、人才、技术等生产要素的国际自由流动是“一带一路”建设的最终目标，也是重构区域相互投资秩序和统一框架的根本所在。

沿线各国要以自身的比较优势，对准入前国民待遇和负面清单、国有企业、投资者—国家争端解决机制、跨境数据自由流动、金融、税收及补偿标准、知识产权、劳工规则、环境保护等敏感议题作出通盘考虑，整体设计既符合自身发展，又能促进沿线国家经济发展的投资便利化机制。

具体可通过互访、磋商与信息沟通等机制，在贸易投资促进，通关便利化，商品检验检疫、食品安全、质量标准，电子商务，法律法规透明度，中小企业合作，海洋产业合作等领域开展贸易投资便利化合作。

在合作机制下探讨消减非关税壁垒、改善投资环境；简化投资办理申请、审核和批准手续；减少投资者权力限制；提供指导性的咨询服务与便利化的金融服务以及国际政策协调等。

（四）共同的金融风险防范机制

考虑到美国金融危机与欧洲主权债务危机给世界经济带来的影响及区域性金融风险防范机制逐步兴起的现实，在推进区域经济一体化进程中需要发挥地区大国的作用，联合沿线国家共同建立区域性的金融防范机制，应对可能突发的金融风险。

一方面充分利用全球经济治理机制（IMF，G20等）及区域金融风险防范机制（如清迈倡议）为载体进行合作，降低单边行动的成本与风险，增强区域力量的联合，以集体的方式应对金融风险。另一方面清晰认识与充分评估亚太区域金融风险防范中存在的问题与不足，利用中国与东盟、东亚地区以及更广阔的亚太地区已有的金融风险协作机制，适时建立并推动多边化的金融防范机制或者区域金融组织，共同应对金融风险。

（五）发展互助机制

从全球价值链和国际贸易体系分工看，“一带一路”沿线国家大多处于末端位置，且以制造业为主，出口导向的竞争优势与诉求较为明显。“一带一路”建设向沿线国家提供的国际公共产品应更多地考虑沿线国家的发展状况与利益诉求，在坚持“平等合作、互利共赢、开放包容、和谐和睦”的发展原则基础上，尽可能地将国际公共产品所产生的经济效应惠及沿线各国。具体而言，可以借鉴世界银行等经济互助机制，整合沿线国家低效率的机制，适时探讨建立区域性联合互助发展机制，如中国已经建立的中国—东盟海上合作基金、丝路基金等，将推动沿线国家的经济发展。同时，还可以结合金砖国家开发银行、亚行等区域互助机制解决沿线欠发达国家所需要的长期融资问题。

（六）货币与汇率协调机制

随着中国储蓄释放和国内过剩产能向外转移，人民币跨境业务需求将不断增长。未来一段时期，随着“一带一路”的持续推进和外部市场的扩大，区域货币合作进程将不断加快。鉴于“一带一路”沿线国家币种多样化，各国的汇率政策和货币政策差异较大，不利于商品贸易和直接投资的开展。因此，有必要建立货币与汇率协调机制，形成较为稳定的货币区域，防止投机资本的冲击。同时，也有利于扩大在沿线国家人民币的跨境使用，推广人民币支付系统，加速人民币国际化进程。

从宏观角度看，货币政策和汇率政策协调机制应以特定的区域，如CAFTA、10+6等为基础，通过双边或多边的磋商、协调与谈判，推进协调机制的建立与健康运行。从务实的角度看，不妨以海峡两岸暨香港、澳门的金融合作为突破口，小范围先行推动货币与汇率协调机制建设。技术上可以“稳增长、稳币值”为政策协调目标，以“管理浮动汇率制度”和“资本市场不完全开放”为“制度约束”，以“货币政策独立性和有效性”为核心内容，以“国际收支抵补机制”为重点，以金融创新、金融发展和稳定为政策机制保障。还可以在国内自贸区建设中的金融改革的基础上，借鉴国际公共产品体系中现存的货币与汇率协调机制的经验，进一步构建涉及更多沿线国家的协调机制。

CHAPTER 第三章

“一带一路”贸易规则的制定

在“一带一路”倡议框架下，共同致力于建设开放型经济、确保自由包容性贸易、反对一切形式的保护主义刻不容缓。“一带一路”沿线各国应共同商定贸易规则，降低各方成本，消除国际贸易中的不确定性。

第一节　国际贸易规则的现状

WTO规则是当前最重要的国际多边贸易规则，围绕着其规则修订的多哈回合谈判是迄今参加方最多、议题最广的谈判，涉及农业、制造业、服务业、贸易规则、知识产权、发展、贸易与环境、贸易便利化等众多议题，涵盖95%以上的全球贸易。然而谈判过程步履维艰、进展缓慢，这反映了各方对于国际贸易规则制定权的争夺和规则的趋向不明。

一、WTO成立后举行的部长级会议

WTO作为由成员主导的组织，部长级会议是其最高的决策机构。部长级会议由成员政府派遣部长率代表团出席，负责确保WTO职能的实现，并为此采取必要的行动。部长级会议至少每两年召开一次，审议WTO协议执行和多边贸易体制运作情况，发动多边贸易谈判以及审查和指导谈判进展，并应成员要求和在协商一致基础上，对多边贸易协定项下的所有事项作出决定。

自1995年成立以来，WTO已召开了十届部长级会议。

（一）第一届部长级会议

WTO首届部长级会议于1996年12月9日至13日在新加坡举行，来自WTO128个成员和相关国际组织的2800多名代表参加了会议。经过五天的讨论与磋商，大会通过了WTO《新加坡部长宣言》、总理事会报告和《信息技术产品贸易部长宣言》，取得了以下成果：第一，通过审议和评估，会议认为WTO在执行乌拉圭回合的协议与协定和有效解决争端等方面取得了成效。第二，通过协商和磋商，大会同意分别就贸易与投资和竞争政策以及政府采购成立工作组。第三，关于加快接纳新成员和继续推动正在进行的谈判，如基础电信等问题，大会形成了进一步的共识。第四，在美、欧、日的极力推动下，针对信息技术产品贸易自由化问题形成了部长宣言，它是《新加坡部长宣言》以外的一个独立宣言。

（二）第二届部长级会议

第二届部长级会议于1998年5月18日至20日在瑞士日内瓦举行。会议主要讨论了已达成的贸易协议的执行情况、既定日程和未来谈判日程等问题，以及第三届部长级会议举行的时间和地点。会议的主要目的是为第三届部长级会议启动新一轮多边贸易谈判做准备。

（三）第三届部长级会议

第三届部长级会议于1999年11月30日至12月3日在美国西雅图市召开。由于非政府组织的示威游行和干扰所产生的压力以及成员间在一系列重大问题上的意见分歧，会议未能启动拟议中的新一轮多边贸易谈判，最终以失败告终。

（四）第四届部长级会议

第四届部长级会议于2001年11月9日至14日在卡塔尔首都多哈举行。会议启动了被称为“多哈发展议程”即“多哈回合”的新一轮多边贸易谈判。会议最后通过了《部长宣言》等三个文件，作为会议的另一项重要成果，通过了《中国加入WTO议定书》和关于中国加入WTO的决定。这次会议的主要任务是，审议并通过中国和中国台北加入WTO的决定，启动新的多边贸易谈判。由于接受新的WTO成员只是在会上履行手续，因而启动谈判成了会议的重头戏。在与会者共同努力下，会议最终做出了启动新的多边贸易谈判的决定。

（五）第五届部长级会议

第五届部长级会议于2003年9月10日至14日在墨西哥坎昆举行。由于发达国家在削减农业补贴和农产品关税问题上不肯做出实质性让步，会议无果而终。会议仅通过了《部长会议声明》。

（六）第六届部长级会议

第六届部长级会议于2005年12月13日在中国香港开幕。此次会议是多哈回合的重要组成部分，会议议题就是多哈回合议题，包括削减农业补贴和农产品关税、降低工业品关税、发展问题、服务业开放、知识产权保护与贸易争端的解决、贸易便利化等。与会者围绕多哈回合议题经过六天谈判发表了《部长宣言》，在取消棉花出口补贴和农产品出口补贴以及向最不发达国家开放市场问题上取得了进展，但多哈回合谈判仍未全面完成。

（七）第七届部长级会议

第七届部长级会议于2009年11月30日至12月2日在瑞士日内瓦举行。会议未能在推动多哈回合谈判方面取得明显进展，但继续承诺2010年结束多哈回合谈判。

（八）第八届部长级会议

第八届部长级会议于2011年12月在瑞士日内瓦举行。会议正式批准俄罗斯加入WTO。由于各成员在一些谈判领域存在较大分歧，多哈回合谈判陷入困境。

（九）第九届部长级会议

第九届部长级会议于2013年12月3日在印度尼西亚巴厘岛开幕。此次会议是WTO总干事罗伯托·阿泽维多上任以来的首次最高决策机构会议，各方期待巴厘岛会议能在有限议题上达成一致，为推动更大规模的多边贸易协定奠定基础。12月7日上午会议闭幕，达成WTO首个全球贸易协定。会议上发布的《巴厘岛部长宣言》共包括理事会日常工作、多哈发展议程进展和巴厘岛会议后工作展望三大部分，多哈发展议程进展一项即为此前各方期盼的多哈回合谈判“早期收获”，包含贸易便利化、农业、棉花、发展和最不发达国家4项议题共10份协定。

（十）第十届部长级会议

第十届部长级会议于2015年12 月15 日至19 日在肯尼亚首都内罗毕举行。尽管谈判艰难，会议还是取得了历史性成果。2015年是WTO成立20周年，也是WTO成立后首次在非洲举行部长级会议，来自162个成员超过3000 名代表出席会议。最终会议通过了《内罗毕部长宣言》及9 项部长决定，承诺继续推动多哈议题。162个成员首次承诺全面取消农产品出口补贴，并就出口融资支持、棉花、国际粮食援助等达成了新的多边纪律。

2016年10月3日，WTO举行当年第四次总理事会，会上WTO成员同意在阿根廷首都布宜诺斯艾利斯举行第十一届部长级会议（MC11）。阿根廷将成为WTO成立后第一个举办部长级会议的南美洲国家。

二、多哈回合多边贸易谈判进程

（一）谈判的由来和概述

多哈回合贸易谈判又称多哈发展议程，是WTO于2001年11月在卡塔尔首都多哈举行的世界贸易组织第四次部长级会议中开始的新一轮多边贸易谈判。议程原定于2005年1月1日前全面结束谈判，但至2005年底为止仍未能达成协议，最终于2006年7月22日在WTO总理事会的批准下正式中止。多哈回合谈判的宗旨是促进WTO成员削减贸易壁垒，通过更公平的贸易环境来促进全球，特别是较贫穷国家的经济发展。谈判包括农业、非农产品市场准入、服务贸易、规则谈判、争端解决、知识产权、贸易与发展以及贸易与环境等八个主要议题。谈判的关键是农业和非农产品市场准入问题，主要包括削减农业补贴、削减农产品进口关税及降低工业品进口关税三个部分。

（二）进展情况

2005年12月13日开幕的WTO第六次部长级会议，各国期望就多哈回合谈判收窄分歧，并希望可于2006年完成整个回合的谈判。

2006年年初以来，WTO成员一直就农业和非农产品市场准入问题进行谈判，但始终难有进展。7月，由于WTO六个主要成员美国、欧盟、日本、澳大利亚、巴西和印度未能就农业和非农产品市场准入问题达成协议，WTO被迫宣告中止多哈回合谈判。

为协调各成员立场，2006年9月10日，美国、欧盟和日本等发达国家的代表与“20国协调组”的代表在巴西里约热内卢举行对话会议，同意尽快恢复多哈回合谈判。11月16日，WTO贸易谈判委员会召开多哈回合谈判中止以来的首次全体会议，与会代表一致同意恢复多哈回合谈判的技术性讨论，并为谈判最终全面恢复做好准备。

2008年7月21日，来自35个主要WTO成员的贸易和农业部长在瑞士日内瓦聚会，试图在一周时间内就多哈回合谈判农业和非农产品市场准入问题取得突破。但几天来，谈判难以取得进展，原定一周的会期被迫延长。

2009年9月中旬，多哈回合谈判在日内瓦重新启动，并提出2010年争取完成谈判的目标。从前期谈判情况和形势看，谈判将主要集中在农业的特殊保障机制、非农产品市场准入及部门谈判和服务贸易上。

2010年11月，20国集团首尔峰会表达了希望尽快完成多哈回合谈判的意向，20国集团将2011年视为完成多哈回合谈判的“关键的机会窗口”，并期待获得一个“成功的、有雄心的、全面的和平衡的”结果。以20国集团峰会的表态为背景，多哈回合新一轮谈判又拉开了序幕。

2012年10月至2013年5月，各成员共推出了109项贸易限制措施，尤其是旨在刺激本国产业复兴的贸易保护主义大幅上升，在此形势下，多边贸易体制面临严峻挑战，WTO有沦为全球贸易治理配角之虞。

2013年5月，为挽救多哈回合谈判，提高WTO地位，阿泽维多提出在新形势下不断增强WTO多边体制的号召力。2013年12月7日，WTO第九届部长级会议在印度尼西亚巴厘岛闭幕。会议通过了《部长宣言》，达成“巴厘一揽子协定”，实现了WTO成立18年来多边谈判“零的突破”，为陷入僵局多年的多哈回合谈判注入新动力。更具意义的是，会议决定设立“后巴厘工作计划”框架，在未来一年内，协助WTO贸易谈判委员会就多哈回合尚未完成议题建立清晰的工作计划，从而为多哈回合后续谈判奠定基础。

2015年12月19日，162个WTO成员的贸易部长汇聚肯尼亚内罗毕开会，他们没有“重申”回归多哈回合谈判，这是2001年大张旗鼓启动该回合以来第一次出现这种情况。

（三）主要分歧

多哈回合涵盖大约20个议题，其中农业和非农产品市场准入被认为是最关键也是WTO成员分歧最集中的两个议题，这两个议题不解决，其他议题的谈判便无法取得进展。

农业和非农产品市场准入议题非常复杂，基本上归为三大方面，即农业补贴、农产品关税和工业品关税。长期以来，WTO成员无法在农业补贴、农产品关税和工业品关税的削减幅度、削减公式和削减方法上达成一致。小型部长会的主要目标也是解决这方面的问题。值得注意的是，虽然各方分歧非常复杂，但主要分歧还是发达成员和发展中成员之间的分歧，主要原因是发展水平不同，因此利益和需求也不同。欧美等发达成员的主要目标是进一步打开发展中成员的工业品和服务市场，而发展中成员则希望欧美降低农业补贴并开放农业市场。如何达成一项平衡的协议，使各方均得到好处而又尽量避免损失，就成了谈判中的最大难题。

第二节 国际贸易规则的困境分析

当前，国际贸易规则进入重塑阶段，新兴经济体话语权的提高和发达国家对于话语权的垄断争夺将很长一段时间内存在，对于贸易规则的修订也将影响着双方力量的消长。分析国际贸易规则的趋势，着眼于国际规则和全球治理的最新发展，有助于全面掌握国际贸易规则的未来方向。

一、多边贸易机制作用衰退

随着各国经济的开放型发展，国际贸易的地位越来越重要。拥有162个成员（截至2016年）的WTO，作为当今世界最大的国际经济组织，在降低贸易壁垒、协调国家之间贸易与经济关系方面发挥着重要的作用。其所支撑的多边贸易体制，为国与国之间的贸易对话提供了很好的平台。然而，多哈回合谈判的失败，发达国家与发展中国家利益的难以协调，使人们开始质疑多边贸易体制。与此同时，区域集团化的发展又对WTO多边贸易体制构成挑战。

2008年危机发生以后，在限制贸易保护、促使尽早结束衰退、恢复全球经济以及国际贸易可持续增长方面，WTO等多边贸易机制力不从心。在全球范围内，受危机和贸易保护措施的影响，世界贸易增长大幅度下降，由2010年的13.8%下降至2013年的2.1%。由于许多发展中国家的经济增长对贸易的依存度非常高，这使得其经济形势异常严峻。在多边贸易体制遭到质疑时，区域贸易集团迅速发展。区域贸经济一体化成员地理上接近、参与方相对较少，且在政治体制、经济发展程度上有一定的相似性，所以更容易协调成员方的利益，甚至可以在某些多边贸易体制无法协调的问题上达成一致。

二、国际经贸规则碎片化

传统国际经贸规则的主题是国际贸易。WTO规则的三大支柱《关税与贸易总协定》《服务贸易总协定》《与贸易有关的知识产权》均是围绕贸易展开，国际投资的多边规则很少，主要是双边协定。目前，全球双边投资协定多达近3000个，几乎每个国家都是双边投资协定的签署方，国际投资规则呈高度碎片化。但近几年建立多边国际投资规则的呼声越来越高。世界经济论坛于2013年在WTO发布《外国直接投资是贸易、增长和繁荣的核心驱动力：商谈多边投资协定》，明确提出WTO应推动多边投资协定。美国也在2012年出台了新的双边投资协定范本，并与欧盟联合发表了《国际投资共同规则》。目前各方在谈的投资规则涉及内容更加广泛，除传统的市场开放、投资保护之外，还包括准入前国民待遇加负面清单、竞争中立、劳工、环境保护、安全审查、投资争端解决等很多新议题。一些发展中国家对投资规则的立场也出现了新变化。以前发展中国家以吸收外资为主，更强调“东道国留权”，但随着近年来发展中国家对外投资的快速发展，也开始注重投资的保护和自由，在东道国与投资国之间的“攻防立场”逐渐趋于平衡，“准入前国民待遇加负面清单”的原则得到了越来越多国家的支持。

另外，随着国际贸易环境变化，信息化和电子商务得到广泛应用，贸易操作的形式发生变化，谈判中产生了许多新的交叉议题，如监管一致、国有企业、电子商务、中小企业等。这些交叉议题呈现出新的规则走势，使得原有的规则呈现出零碎特点，对成员内市场提出了很高要求。

三、美国的结构性权力对多边贸易体制的影响

（一）美国在贸易体制中的结构性权力

在苏珊·斯特兰奇看来，与联系性权力事事要通过运用军事政治的强制手段迫使别国就范相比，结构性权力是在强制性力量尚未发挥作用之前已经让对方作出了符合自己需要的选择。在国际贸易体制中同样也存在着这种结构性权力，结构性权力充分体现了贸易体系中强国权力的影响力。传统的国际贸易理论在阐述贸易问题时，往往从有关的国际组织谈起，这给人们一种虚假的印象：贸易关系实际变化的主要决定因素似乎就是贸易“体制”——各国政府同意的规则和安排，但实际上，贸易体制反映的是最强大国家的利益和讨价还价的力量。国际贸易组织的目标是由集团中最强大的国家或者根据两个或两个以上强国之间的磋商来确定的，这些国家或国家集团将规定它们通过组织进行合作的范围。GATT的目标是美国确定的，战时与英国的磋商加强了美国的这种地位，同时，那些目标还要受到美国国会规定的政府权力范围的制约。

在拥护通过GATT或WTO实现贸易自由化的人看来，这个制度依靠的是非歧视原则、市场开放原则、透明度原则和公平竞争原则这“四大支柱”。但在实践中，当民族利益高于一切时，美国可以为自己或代表盟国利用规章中的漏洞，这些漏洞是美国或在美国同意下，由与它结盟的工业国为它们的经济利益服务的。所以“四大支柱”支撑的这个结构并不完全像这种比喻所暗示的那样稳定和不变，结构的作用和影响往往随着时间的推移而变化，并反映最强大的成员或国家集团关心的问题和优先考虑的问题的变化。

从根本上讲，维护自由贸易体制对美国的国家利益的重要性是不言而喻的。但正如上面所谈到的，当涉及国家利益的时候，美国会执行一种“灵活反应”的政策，这在发生贸易摩擦的时候表现得最为突出。美国贸易摩擦应对机制的核心是“301条款”，该条款是单边的和违背WTO规定的。美国既努力促成WTO又保留与WTO相违背的“301条款”是出于什么

动机呢？美国认为WTO不够强大，不是一个真正的世界贸易法院，如它不具备法院的那套程序，也无权实施制裁；美国也不愿意用自己的“主权”去换取这样一个真正的世界贸易法院。美国的逻辑是其他成员应当遵守WTO的义务，而美国可以不遵守；当WTO的裁决对美国有利时就遵守，不利时就不遵守，所以使用“301”条款来达到目的。美国在批准WTO时曾经说过，只要有三个WTO争端裁决不利于美国，美国就退出该组织。

美国“301条款”的主要意图，一是取消外国所采取的“不公平”贸易做法；二是打开国外市场；三是要求贸易减让。“301条款”的另一个特点是美国可以单方面要求贸易减让（即贸易协定中未要求的减让），而自己却不提供相应的、互惠的减让，威胁减少现有的贸易机会，以取得单向的减让。

美国的“301条款”在国际上引起了强烈的反应，总体来看，各国都明确反对这一攻击性的法律。一国的对外贸易政策取向是该国在世界上的经济实力和经济地位所决定的。美国虽仍为经济大国，但在世界经济的地位正逐渐衰落。巨人的衰落引起了贸易保护主义的浪潮，美国被称为“逝去的巨人”，“301条款”则被称为“逝去的巨人综合征”。从“301条款”实施的效果来看，除欧盟能够进行一定程度的挑战之外，其他任何国家都只有被动承受，被迫进行不公平的市场开放和按美国要求进行贸易政策和贸易环境方面的改进。“301条款”虽只是违背WTO的美国国内法，但绝大多数国家尤其是广大发展中国家只能选择被动的、事实上的接受。“301条款”在一定程度上实现了美国的目的，如减少贸易赤字，但消极作用同样明显：首先是人们认清了美国经济霸权的嘴脸，其次对多边体制造成了减损。

“301条款”是美国应对国外贸易壁垒最重要的国内法依据。目前通常所谈及的“301条款”，作为一个整体，实际上指的是经修正后的《1988年综合贸易与竞争法》第1301—1310节的全部内容以及下文提及的两类“301变种”——超级301和特别301。超级301的核心在于所谓“贸易自由化重点的确定”，其始见于《1984年贸易和关税法》第310节，《1988年综合贸易与竞争法》第1302节对其进行了补充。它主要规定，通过调查，在“对构成主要贸易障碍或扭曲”的国家和做法进行确定的基础上，由美国贸易代表提交报告，并对其实施相应的反制。特别301则旨在知识产权的保护，先后见于《1988年综合贸易与竞争法》第182节和第1303节，美国贸易代表据此将目标直指那些被其认为“未提供充分的、有效的知识产权保护的国家”。

美国贸易政策制定的制度架构变革是通过授权改变国家对外经济政策偏好的典型案例。美国宪法规定，国会拥有监管对外贸易的权力，总统并不拥有制定贸易政策的权力。美国国会处于制定贸易政策的中心，因此面临强大的国内利益集团游说的压力。从根本上说，国会议员代表的是其当选选区和特定支持集团的利益。为保证竞选议员或者保持议员席位，议员们迫于保护主义游说的压力，不得不采取保护措施，最为著名的例子就是1930年通过的《斯穆特-霍利法案》(Smoot-Hawley Tariff Act)。

国会作为贸易政策的中心就意味着美国将必然采取保护主义政策。例如，以前美国一些国会议员的所作所为就令多边自由贸易体制的支持者感到非常失望，这不仅因为他们反对重新审议布什总统的快速审批权，以便结束多哈回合贸易谈判，甚至连那些过去支持自由贸易的人（其中不乏共和党人）也在破坏多边主义，因为他们赞成那些优惠贸易协议。那些优惠贸易协议假扮成自由贸易协议，而实际上根本不是。他们利用贸易公平来迷惑信息不通的公民，诱使他们接受保护主义。实际上，优惠贸易协议是前国务卿詹姆斯·贝克和副国务卿罗伯特·佐利克当政时的产物。佐利克后来还出任美国贸易代表，正如专栏代表马丁·沃尔夫最近指出的那样，优惠贸易协议的扩大已经损坏了多边贸易体系的基础，即不加歧视的原则。而美国国内往往把工资和就业问题归咎于贸易和全球化，因此，从政治上看，美国政府将一个又一个优惠贸易协定提交给国会是毫无意义的。民主党人坚持以更加严厉的态度要将劳工和（本国的）环保标准写入贸易协议中，同时，认为中国是一个“极不公平的贸易对手”的看法一直困扰着参议院（参议员查尔斯·舒墨率先提起这种指控）。

（二）经济民族主义对贸易规则制定的影响

从经济上看，美国的国际贸易自由化主张从来是言行不一的；从历史上看，美国对外贸易政策中的经济民族主义始终是其政策的出发点和最终归宿。这与它在当今WTO中大力推动和倡导的贸易自由化表象上是矛盾的，但却反映了美国经济民族主义的实质之所在。与此同时，美国贸易政策的主导思想仍然是自由的市场经济，经济民族主义只是美国多元社会中有重大影响的一种思潮，而且这种思潮的发展与作用的发挥也受到一定力量的制约，从美国称霸全球的战略出发，它不可能成为控制政府决策的主流思潮。由于经济民族主义主张与国际经济合作日益扩大的客观趋势相悖，其极端利己的行为必将引致贸易伙伴的强烈不满。此外，对美国经济与世界经济起决定性作用的跨国公司坚决反对这种损害自己利益的思潮与行动。

经济民族主义的主张是利己性的，但其基础、影响和观念定位却是社会性的，其政策压力和政策影响力正日益上升，加之政党选举因素的渗透，必将对未来美国贸易政策与对外贸易的法律变化产生重大深远的影响。因此，在未来世界多变的贸易体制中，美国将会继续发挥着促进与阻滞的双重作用。贸易的政治经济学理论认为，美国能够利用在市场上的结构性权力通过贸易限制改变贸易条件增进自身的福利，但同时也将其负面影响强加给其他国家，而这种所谓已过单边贸易政策的“贸易条件外部效应”也将长期存在。例如，美国选择的自由贸易协定（FTA）谈判对象一般具有高度战略地位及良好的外交关系，它的中东战略即是一个有力的证明，体现了美国FTA战略中广泛培养及循序渐进的原则。美国通过以色列积极支持中东地区利益国家加入WTO，与条件成熟国家达成贸易投资框架协定（Trade and Investment Framework Agreements, TIFAs）及双边投资协定（Bilateral Investment Treaties, BITs），通过次区域协定的双边安排，为其在亚太区域经贸合作奠定基础。

四、国际碳排放对国际贸易的影响

在现实的国际经济政治关系架构下，欧美发达国家倡导低碳经济模式有其特殊的战略利益诉求，意在通过低碳经济创新形成新的竞争优势，对发展中国家经济增长和贸易发展设置新的障碍。鉴于长期以来国际贸易规则制定和变化的特点，低碳经济的发展势必导致国际贸易规则的重塑，主要体现在：新贸易壁垒涵盖的领域不断延伸，霸权国家在国际贸易非歧视和无条件互惠原则上出现退缩，WTO的规则框架将由环境保护所主导。2007年12月15日，联合国气候变化大会通过了“巴厘岛路线图”，规划了全球气候谈判的框架和方向。2009年12月19日，联合国气候变化大会在丹麦哥本哈根落下帷幕。会议虽取得了一定的共识和成果，但各方也充满着博弈和分歧。各国均意识到，应对气候变化的长期行动将带来一场世界性变革，从根本上改变人类的生产方式和生活方式，并最终改变国际政治版图和世界经济格局。在国际贸易领域，欧美和日本等发达国家已在低碳经济中占有某种优势，主导了低碳经济的发展和话语权，这势必导致国际贸易规则的重塑。

首先，国际贸易规则制定的领域不断拓展，“碳关税”等新的贸易壁垒将应运而生，把贸易与低碳相挂钩将成为发达国家获取收益的一种手段。目前，欧盟和美国已经开始把碳排放管制与贸易和投资挂钩，进行有关“碳关税”的立法活动，即为了保护本国或本地区产业的国际竞争力，对来自减排不力国家的货物征收“碳关税”(Carbon Tariff)。这种“碳关税”的立法主要是针对那些没有和发达国家采取同样减排管制措施的“贸易伙伴”，实际上主要就是针对发展中国家。美国能源部部长朱棣文就声称要对不承诺对产品碳排放进行计量的国家征收碳关税，即对进口的排放密集型产品如铝、钢铁、水泥和一些化工产品征收特别的二氧化碳排放关税。不能不说美国以碳减排名义新设贸易壁垒，构思确实非常精巧。它既占据了应对气候变化这个道义高地，又保护了美国制造业者，同时，若二氧化碳排放关税最终实施，全球碳减排权交易市场必将迎来爆炸性增长。有数据显示，到2020年，美国二氧化碳配额的价值将达到914亿美元，其中碳补偿的价值将达到133亿美元。届时，如果一个国家对其碳排放没有足够监管的话，对于那些进口其生产的温室气体密集型产品的进口商，将要求其上交从新成立的国际储备许可体系中购买的碳排放许可费用，这个费用将涵盖进口产品的碳含量。而这个新的国际储备体系是由美国政府建立的，如果没有交碳许可费，就会禁止这些进口货物进入美国市场。

其次，发达国家特别是美国可能会以低碳经济为借口，减少对自由贸易的供给，从非歧视原则和无条件互惠原则上退缩。霸权稳定论认为，在霸权体系中，“一个霸权国能够，并且愿意决定和维护基本规则，来制约国家间的关系，它不仅能够废除现存规则，或阻止采用自己反对的规则，而且能够在制定新规则中发挥主导作用”。当霸权国从霸权体系中取得的边际收益持续减少时，霸权国家在经济和政治上就会衰落，进而导致体系失衡和霸权坍塌。面对国际体系的失衡和新兴国家的挑战，霸权国家首要的任务就是力图通过改变政策来恢复国际体系的平衡，为此，霸权国家有三个可以选择的方案：第一，消除增加成本的原因，如削弱或摧毁新兴的挑战者（20世纪八九十年代主要是日本和德国，如今则为中国）。第二，减少国际义务，这是美国政府目前的重要举措。据世界银行统计，全球非关税壁垒达2500多种，其中美国的非关税壁垒最为全面和复杂，与低碳经济相关的就有绿色条款、社会条款和繁杂的排放标准、环保包装标签规定等。第三，霸权体系的使命已不再像理论家所说的那样——霸权国凭借其经济剩余做出自我牺牲，为国际自由贸易体系提供稀缺的公共物品——而是把残存的霸权体系当作一种资源，为挽救衰落中的霸权服务。

自哥本哈根气候大会后，美国越来越露骨地把接受美国的规则作为它提供对外援助和贷款的先决条件，美国的对外贸易政策成了促进或维护本国实力，遏制或削弱他国实力，实现自己政治目的的工具。

再次，发达国家加快把环境与贸易相挂钩的步伐，环境保护将成为国际贸易规则框架的主导。作为国际贸易的全球管理及协调机构，GATT对环境保护的贸易影响最初持警惕态度。1971年，GATT秘书处在一份题为《工业污染控制与国际贸易》的报告中提出，环境保护政策将成为国际贸易的新障碍，有可能导致新的保护主义形式——绿色保护主义。此后20多年，随着与环境有关的贸易纠纷数量不断上升，特别是1991年举世瞩目的墨西哥诉美国金枪鱼案后，GATT的立场发生了微妙转变。1994年4月WTO成立后，就正式将环境保护、稀有资源保护列入WTO的目标，决定成立贸易与环境委员会，“力争达到既保护环境又符合经济发展水平不一国家的需要”。2001年底的多哈回合则更进一步，决定启动包括贸易与环境议题的新一轮贸易谈判。发达国家均认为现有WTO规则并没有充分地支持环境保护措施，希望对WTO规则做进一步的修改，或至少应该从环境保护的角度重新解释WTO规则。例如，《2007年美国气候安全法案》是美国历史上第一部关于总量控制与排放贸易的法案。这个法案设立了许多单边贸易限制措施，要求进口商进口所涉产品时，必须购买和上缴相应数量的国际碳储备配额。但是，对以下三种情况予以例外：出口国采取了与美国类似的温室气体减排行动；出口国被联合国认定为最不发达国家；或者出口国被列入例外清单。显而易见，此种措施违背了WTO的国民待遇和最惠国待遇的基本原则。

第三节 “一带一路”贸易规则制定的思考

一、沿线各国深度参与国际贸易规则的制定

全球贸易的新趋势推动了新一轮国际贸易规则体系的构建，以美国为代表的一些发达国家正在推动RCEP和 TTIP 等区域性协定的形成，这些协定成为发达国家谋取未来国际贸易中优势地位的重要计划。面对如此压力和挑战，“一带一路”沿线各国需要密切沿线周边国家关系，通过关注彼此的共同需求，推动彼此的深度开放，进一步完善自己的相关政策制度以及提升本国贸易质量等。

首先，立足于在“一带一路”沿线和周边建立公平透明、互利互信的

自由贸易区网络。全球化贸易在新一轮规则制定中，呈现出高标准、高要求的趋势，“一带一路”沿线各国并不是不需要或不接受这样的趋势，而是更看到不同国家面临的实际，特别是发展中国家在加入到这样的高标准、高要求的区域贸易中的困难，因而沿线各国虽然最终目标也是要建立高标准的贸易网络，但是更注重分步骤、分阶段地达成，并兼顾不同发展层次国家的现状。因此，沿线各国要逐步推进相互开放，放宽彼此之间的贸易准入限制，要对自己现有制度积极改革，为区域内部的彼此开放和互利创造更好的条件，为未来的高标准区域合作打下良好基础。

其次，寻找和沿线周边国家的利益共同点，推动沿线各国在一些重要区域方面的合作。比如，中国与中亚地区、阿拉伯海湾地区等彼此有共同的意愿和需求，通过彼此之间的贸易，来帮助对方改变单一的产业结构，帮助他们构建较为扎实的基础设施，并发展依托于油气资源的加工业、服务业和金融业等。如此，双方能更为紧密地联合。

再次，提升“一带一路”沿线周边国家和地区的贸易投资数量与质量，特别是后者。对此，各国政府要进行更好的引导，特别是通过差别化的外贸政策和技术倾斜政策来鼓励本国有实力的投资体向沿线国家和地区投资，建立沿线国家的工业园和产业基地，以此为中心和辐射，积极向周边国家和地区投资。如此，“一带一路”沿线国家不仅推动了不同国家之间的经济发展，也推动贸易规则的形成。

“一带一路”贸易规则的制定，涉及多方面议程，目前仍在积极发展阶段，未来还有很长的路需要走，而在此过程中，积极平等开放的对外姿态，有助于沿线各国深化合作，共建“一带一路”贸易规则。

二、“一带一路”贸易规则的设计原则

（一）透明度原则

透明度原则在“一带一路”贸易的发展过程中起着至关重要的作用，它可以弱化不同国家间的贸易壁垒，促进贸易的公平。透明度原则首次在1947年的GATT中被提出来，适用于国际贸易的所有领域之中。“一带一

路”贸易发展的目标是建立公平、便利化的贸易环境，减弱“一带一路”沿线国家之间的贸易壁垒，促进经济的全球化发展。但是，在经济全球化和各国经济自身发展的矛盾中，不少国家采取政策性的障碍，保护本国经济，阻止其他国家贸易发展对本国经济的冲击。为了缓和这一矛盾，透明度原则应被应用在“一带一路”贸易规则中。透明度原则的内在要求如下：

1. 贸易相关法律、法规及政策的透明

只有“一带一路”沿线国家主动积极地将本国有关贸易的政策以公开的形式公布出来，为贸易方提供知悉相关法规的途径，贸易透明度的实施才有可靠的保证。此外，正如迟到的正义非正义，那么迟来的法规也会失去它本身的价值，因而贸易相关法律、法规及政策的公布应当遵循及时的原则，在第一时间将新推行的法规公布出来，以供贸易相关方借鉴和查阅。

2. 程序和实体的双重透明

“一带一路”贸易规则体系下的透明度原则，不仅仅是指针对各国已经制定的法律法规的及时公布，也意味着与实体相对应的程序上的透明、公开。程序与实体的双重透明才是真正的透明。程序方面，公开审理是透明度原则的基本要求，防止审判程序的暗箱操作，是保护贸易各方利益，实现程序透明的重要措施之一。

3. 透明度原则内在要求的保障措施

“一带一路”贸易规则体系中对于透明度原则的保障主要通过两个途径来实现：其一是赋予各国咨询权，各国可以通过设置相关咨询点的方式来满足其他成员咨询、查询本国有关法规政策的要求；其二是通过专门成立贸易政策评审机构，对各国的贸易政策进行定期的轮流评审。

（二）非歧视原则

非歧视原则也称“无差别待遇原则”，是指缔约方在实施某种限制或制裁措施时，不得对其他缔约方因其国别或所有权等因素而采取差别待遇，实施歧视。非歧视原则作为现代国际贸易关系中最基本的准则之一，也应当作为“一带一路”贸易规则的一项最基本原则。在国际经济法领域，一般意义上的非歧视性原则通常主要体现在最惠国待遇和国民待遇两个方面。

最惠国待遇原则与国民待遇原则两者的定义都是广泛而复杂的，学术界也有很多种不同的表述和多样的内容。最惠国待遇原则的标准可定义为：“任何缔约方给予原产于或运往任何其他国家的产品的好处、优惠、特权和豁免，应当立即和无条件地给予原产于或运往所有其他缔约方境内的相同产品。”而国民待遇在货物贸易、服务贸易、知识产权中也是特点各异，而且其含义也有众多差别，因此难以以统一的概念或定义来概括国民待遇原则。“一带一路”国民待遇原则可采用在国际条约中的通常表述：“给予不低于……待遇”，即确定“不低于待遇”原则，具有扩大贸易自由化的余地，同时也不排除出于某种特殊需要而给予一定优惠。这种“不低于待遇”的实施目的都是为了“一带一路”沿线国家之间在国民、货物、服务提供者市场上处于同等竞争地位。

（三）公平竞争原则

“一带一路”的基本宗旨是推动沿线国家经济与贸易的快速自由发展，“一带一路”倡导各参与国在贸易中公平竞争，而反倾销、反补贴是“一带一路”公平竞争原则的重要两翼，其实施规则是各国制定相应国内法所必须遵循的通行规则。

1. 反倾销实施规则

实施反倾销必须同时具备三个条件：产品价格低于正常价值，即存在倾销；给有关国家生产同类产品的产业造成实质损害或损害威胁；倾销与损害之间存在因果关系。由于进口产品并不必然导致对进口国国内产业的损害，因此调查机关在确认征收反倾销税之前，必须证明倾销与损害之间存在因果关系。《反倾销协议》采用直接因果关系标准，即倾销是造成损害的因素之一，进口国国内产业损害是由倾销产品及其他因素共同作用的结果。

2. 反补贴实施规则

进口国实施反补贴措施也必须同时具备相应的前提条件，即补贴存在、损害存在和二者间的因果关系。出口国对某产品实施补贴主要包括政府直接转移资金，对本应征收的财政税收豁免或不予征收，提供低价服务或货物基于企业以价格支持，通过基金机构或私人机构实施上述补贴等。只有出口国补贴行为给进口国国内工业造成严重损害或损害威胁时，进口国才能启动反补贴措施。进口国实施反补贴的前提条件要求，出口国的补贴行为和进口国的产业损害成因果关系，即补贴必须是国内产业损害的原因或原因之一。

3. 反倾销反补贴联动措施遵循规则

反倾销反补贴联动措施，简称“双反”，是对来自同一个或几个国家和地区的同类产品在某一时间段内同时发起反倾销、反补贴调查，经过进口国相关部门审核，确认产品在倾销与补贴的情况下，对国内同类产业造成实质损害或实质损害威胁，并依法采取临时措施、价格承诺，征收单项或双项反倾销税、反补贴税以抵消损害后果的行为。

（四）市场开放原则

“一带一路”规则制定的一个重要目标是通过谈判促进沿线国家开放贸易体制的形成，通过一系列协定或协议要求成员分阶段逐步实行贸易自由化，以此扩大市场准入水平，促进市场的合理竞争和适度保护。一方面，沿线成员应降低关税和取消对进口的数量限制，逐步开放市场，以允许沿线国家商品进入本国市场与本国产品进行竞争。另一方面，沿线各国应达成协议，使各国开放市场的承诺更具可预测性，减少随意性。此外，各国还应规定有利于扩大市场准入的其他基本原则，如可利用争端解决机制解决在开放市场方面的纠纷和摩擦，积极保护自己。

三、“一带一路”贸易规则的内容

（一）贸易自由化

“一带一路”自由贸易规则主张在“一带一路”沿线范围内进行自由畅通的贸易，货物、商品、服务、人员可以进行自由的流转和流动，在资源优化配置的同时，使“一带一路”各成员经济以及各国人民的生活水平和质量有所提升。从历史的角度来看国际贸易，在任何时代、任何情况下都不存在着纯粹的、不受任何限制的自由贸易。WTO尽管提倡贸易的自由化，但是它所提倡的贸易自由绝不是所有领域、全部范围内的自由贸易。对此，“一带一路”的自由贸易应当建立在有节制的自由贸易的理论基础上。

“一带一路”自由贸易规则是通过几个具体条款的规定体现出来的，主要有最惠国待遇、国民待遇、关税减让和约束、一般禁止数量限制以及透明度等加以体现和实施。

“一带一路”自由贸易规则可建立自由贸易区，自由贸易区对“一带一路”各个成员政治经济的冲击比较小，这一点对市场机制不够健全、经济体制和政治体制处于全面改革过程之中的发展中国家尤为重要。如果不能有效地加以控制，贸易自由化和经济开放要求较高的区域经济一体化对本国经济发展很容易产生较大冲击，造成失业率上升、部门之间收入差距扩大等问题。自由贸易区对其成员单独和其他国家或地区签署新的自由贸易协定不加干涉，有利于其成员较为灵活地保持同外部世界原有的贸易关系，降低贸易转移的负面效应。自由贸易区组织结构主要有两种：双边自由贸易区和诸边自由贸易区。

（二）贸易信息化

1. 共商机制，加强信息通信合作

进一步加强双边、多边在信息通信领域的合作，探索推动各国信息通信发展战略与规划、政策紧密衔接。加强与国际组织间合作，围绕信息通信领域开展深入交流，分享成功经验。

2. 共建设施，促进信息通信网络互联互通

进一步加强政府间沟通协作，聚合各方力量推进跨境陆缆、海底光缆建设，解决跨境多边协调难题。合作发展空天一体信息通道，推进信息基础设施广泛覆盖。充分利用亚投行、丝路基金等融资平台，加快贫困地区的网络普及，让更多人民通过互联网了解世界，实现民心相通。

3. 共享成果，推进惠民信息服务互利合作

积极推动优质数字化应用服务成果普惠“一带一路”沿线各国人民，开展跨境电子商务合作，提高通关、物流等数字便利化水平，加强沿线经贸往来。推动在线教育、远程医疗等信息化服务覆盖与应用，提升各国惠

民服务能力，推动社交通讯、在线媒体等优质互联网服务广泛接入，促进文化互鉴、相融。

（三）贸易便利化

“一带一路”沿线国家在着力提高自主创新能力的基础上，完善和优化有利于发展的经济环境、政治环境、社会环境、文化环境和自然环境，就能够吸引全球各地的发展资源，就能够为“一带一路”的建设发展提供强大的动力支持。目前，全球贸易量空前壮大，中国在2013年的进出口贸易额就突破了4万亿美元大关，成为全球第一对外贸易大国。然而，繁琐的贸易程序和复杂的贸易制度已经成为制约中国经济发展的瓶颈。因此，在多哈回合进展缓慢的情况下，各国纷纷重视推动贸易管理程序的便利化，重视减少要素跨境合理流动的障碍，建立高效便利的贸易体系。最典型的是，WTO在1995年以来也越来越重视全面考虑和专门分析贸易便利化问题，并将其作为多哈回合之“新加坡议题”的唯一议题，体现了有关国家对该问题的重视。因此，“一带一路”贸易畅通可以在此基础上，以贸易便利化为主要抓手，通过扫清技术、程序、制度和管理等环节的障碍，构建包容开放的营商环境，激发释放“一带一路”的贸易活力，以造福于沿线各国人民。

（四）贸易法治化

法治化是稳定经济预期和保障经济运行的关键，推动“一带一路”贸易畅通，充分发挥市场在资源配置中的决定性作用，最关键的还是依靠法治化，通过与相关国家和地区签订一系列贸易投资协定、成立国际组织、制定国际组织章程，推动“一带一路”经济带纳入法治化和制度化轨道。“一带一路”沿线国家普遍是发展程度不高的发展中国家，各种人为因素对经济运行的影响比较大，权力寻租、司法腐败以及法制体系不健全等因素比比皆是，需要花费很大的努力才能逐步解决这些问题。在法治化体系尚未到位的前提下，推动“一带一路”贸易畅通也可能是有着极大风险的一件事情，而且法治化的实现也绝非和相关国家及地区签订各种协议、声明和合作倡议所能解决，它需要沿线国家的议会、执法、司法和监管机构与社会各界一道努力才有可能。

四、“一带一路”贸易规则的机制

（一）多边贸易机制

为建设开放的贸易体系，各国要积极参与制定并维护多边贸易机制。通过构建互利共赢全球价值链，培育开放大市场，反对贸易和投资保护主义的抬头。致力于建设公平公正、包容有序的国际贸易结算体系，提高新兴市场国家和发展中国家代表性和发言权，以确保各国在国际经济合作中权力平等、机会平等、规则平等。“一带一路”着力强调多边贸易体制的开放性、包容性和多边治理的原则，重新确定多边贸易体制的重要性，致力于恢复多边贸易体制在全球贸易和投资系统的中心地位。

深化经贸合作，维护多边贸易体制的权威和效力；共同推动WTO第11次部长级会议取得积极成果；推动贸易投资自由化和便利化；让普通民众从贸易中获益。

（二）自贸区建设机制

通过建立自贸区建设机制，培育新的贸易增长点、促进贸易平衡、推动电子商务和数字经济等方式扩大贸易，“一带一路”沿线国家可开展自贸区建设并商签自贸协定。

以建立自贸区和自贸协定为突破口，支持“一带一路”沿线国家在边境地区建立跨境共同市场，鼓励在一些贸易和投资枢纽设立政策灵活的产业园区、经济技术开发区和高新产业开发区等贸易和投资平台，在一些重点贸易领域创建新贸易规则，以点连线，以线带片，做好区域经济这篇大文章，实现区域内商品和服务的互通有无。

（三）贸易争端解决机制

“一带一路”区域内贸易合作仍处于较低水平。和欧盟、NAFTA以及东盟等在区域一体化方面取得实质性进展的地区相比，“一带一路”相关国家面向区域内国家的出口和进口在全部对外贸易中的比重比较低，区域国家经贸合作还处于初级阶段，相应的规则制度设计迫在眉睫，尤其需要重视的是，从宏观经济政策领域消除“一带一路”沿线国家因不同贸易政策造成的“政策壁垒”。

考虑到目前“一带一路”沿线国家较为松散的合作现状，应该在对接现有贸易争端解决机制的同时，强调用磋商的方式解决争端，并建立区域共同专家组，以仲裁的方式解决未能协商一致的贸易争端，未来随着“一带一路”沿线国家贸易合作的日益密切，可建立区域化的协调机制以及相配套的执行体系。

（四）国际大通关机制

提升口岸管理的制度化、规范化、科学化水平，通过加强口岸管理相关部门监管协作，优化作业流程，提高通关效率，切实做到管住管好又高效便利。加强部门间资源共享共用和集中统筹，充分发挥监管资源的集聚效应，形成管理合力，提高管理效能。充分发挥口岸管理相关部门现有职能作用，更加注重沟通、协作和构建伙伴关系，实现单向管理向多元治理的转变。

加强通关手续等方面信息交流，推动监管互认、执法互助、信息共享；加强海关合作，通过统一手续、降低成本等方式促进贸易便利化，同时促进保护知识产权合作。

第四章

CHAPTER

"一带一路"投资规则的制定

为更好地支持"一带一路"沿线投资，应务实推进"一带一路"投资规则的建立，加强科学规划和引导，推进投资管理制度改革，加强政策支持和服务保障，加强国际协调与沟通，保障投资安全和权益，实现科学投资、规范投资和绿色投资，在公平竞争和尊重市场规律与国际准则基础上，大力促进经济增长和投资。

第一节 国际投资规则基本情况

一、国际投资规则的基本概念

国际投资规则是指各国通过谈判和政策协调达成的规范跨国投资的国际双边协定、区域协定以及多边协定，旨在促进、规范、保护跨国投资的各种国际规则的总称。这些规则侧重处理的不是私人投资者与其合作伙伴之间的平等主体关系，而是投资东道国与私人投资者之间因跨国投资而产生的管理与被管理、保护与被保护的法律关系。

目前，国际投资规则的体现形式有三种：一是双边投资保护协定或双边投资条约；二是以自贸区协定为代表的区域协定，这类协定除了包括投资规则的内容和条款外，还包括贸易规则；第三类是多边协定，这类协定是指规定投资规则的多边规则。

二、国际投资规则的历史演变

国际投资规则不是与生俱来的，是国际经贸关系特别是跨国投资发展到一定历史阶段的产物。

（一）国际投资规则的雏形

最早期的有关投资的国际规则并不是独立存在的，而是体现在盛极一时的《友好通商航海条约》(Friendship，Commerce and Navigation Treaty，FCN）中。美国从1945年开始商谈一系列FCN，这些条约旨在解决贸易问题，但同时也包含若干财产保护条款，例如给予公平公正待遇，依照习惯国际法给予保护，以及在征收时给予即时、适当和有效的补偿等。FCN并不是现代意义上专门规范跨国投资关系的国际协定，其只是规定了保护财产或海外投资的一些规则，较为零散，缺乏体系化，因此，只能说是国际投资规则的雏形。

（二）国际投资规则的产生

1959年，德国与巴基斯坦缔结了一个专门规定投资保护问题的双边条约，被后世誉为现代国际投资规则诞生的标志性事件。不久之后，其他西欧国家纷纷效仿。自1960年开始，比利时、丹麦、法国、意大利、卢森堡、荷兰、挪威、瑞典和瑞士均缔结了它们的首批双边投资公约。这些早期的国际投资规则具有十分重要的意义，其所确立的基本模式构成此后数十年绝大多数国际投资协定的特征。该种基本模式包括投资待遇（国民待遇、最惠国待遇、公平和公正待遇），即时、适当和有效的征收补偿标准，投资款项自由转移的权利，以及关于投资者与东道国之间、缔约国之间的争端解决的规定。因此，国际上较为一致的观点认为，真正意义上的国际投资规则发端于欧洲。

早期的国际投资规则尽管形式多样，单从内容上都有一个共同的特点，即仅侧重于投资的保护，不论是关于投资待遇、征收、转移等实体条款，还是关于国际投资仲裁的程序性条款，都着眼于对投资权益的保障。

（三）国际投资规则的现状

2008年金融危机后，发达国家和发展中国家围绕国际投资新规则的制定加大了竞争。新兴经济体和发展中国家强烈呼吁参与规则制定和全球治理的公平权力。发达国家采取多种手段力求巩固其规则制定者地位，欧美等力推新投资规则，不断抛出竞争中立、政府采购、环境标准、知识产权等新标准、新要求、新问题。

1. 强调高标准的投资自由化

新国际投资规则继承了以往高标准的投资自由化的规则，继续以宽泛的投资定义要求以准入前国民待遇加负面清单的模式开放市场。欧盟国家也开始向美式BIT投资规则靠拢。2009年《里斯本条约》生效后，欧盟取得了对外签署和缔结投资条约的专属权利，开始采取保护与准入并重的国际投资政策，从以投资保护为主向以投资保护和投资准入并重的国际投资规则转变。2012年4月，美国和欧盟共同发表《关于国际投资共同原则的声明》，明确要求各国政府给予外国投资者广泛的市场准入，以及不低于本国及第三国投资者的准入前和准入后待遇。2012年，美国修订了其双边投资协定范本，继续坚持一贯的高标准的准入前国民待遇，并极力在其主导的TTP、TTIP等区域合作中推行。

2. 对投资保护的同时，强调东道国对外资的管理权力

新国际投资规则试图在保护外资权益和维护东道国对外资采取管理措施的权力之间进行更好的平衡。一方面，依旧强调要强化对外资保护，认可国际投资规则的征收和补偿条款，出现对外资的征收时，要求给予及时、充分和有效的补偿；允许资金汇兑自由；东道国不得设立各种履行要求等。另一方面，强调基于公共利益保持东道国对外资的管辖权。联合国贸发组织《2012年世界投资报告》中制定了可持续发展投资政策框架，明确了制定外国投资政策的核心原则——监管权。报告提出，根据国际承诺，为了公共利益及尽量减少潜在负面影响，每个国家都有权建立外国投资准入条件，并确定外国投资的运行条件。不少国家在国际协定中通过引入环境保护、国家安全例外、维护金融体系统一和稳定的审慎措施等办法，扩大了东道国对外资的监管空间。同时，在发展中国家成为主要的资本输出国的背景下，美国、德国、日本等发达国家强化了国家安全审查，不过对国家安全的界定比较随意，并没有明确的定义以及清晰的范围，导致政府以国家安全为由扩大和加强了对外资并购的审查。

3. 在投资者与国家争端解决机制上进行了限制

投资者与国家争端解决机制存在明显缺陷，如仲裁庭对国家投资协定关键条款的解释宽泛或相互矛盾、缺乏透明度，东道国的外资管辖权受到较大制约等。发达国家已经开始不再使用或者限制使用该机制。例如，澳大利亚在贸易政策中宣布，在未来的投资协定中，将不再引进投资者与东道国争端解决机制；美国、加拿大等国家修改BIT范本，限制国际仲裁庭的解释范围，以保持更大的对外资管制空间。2011年，欧洲议会就欧盟与加拿大的贸易关系（包括投资关系）通过的一项决议中明确表明，鉴于加拿大和欧盟高度发达的司法制度，国家和国家间的争端解决机制以及使用当地司法救济是更合适的处理投资争端方法。欧盟并不愿意在国际投资协

定中纳入投资者与国家争端解决机制，即使纳入，也需要限制机制的适用范围。因此，新国际投资规则中，发达国家并不是像以往国际投规则中那样一味强调对外资的保护，更多体现了对本国敏感部门和公共部门的利益的保护，对投资者与国家争端解决机制的引进更加谨慎。

4. 对国有企业对外投资进行限制，强调竞争中立规则

2008年金融危机后，发展中国家的跨国公司加快了在海外的投资布局，尤其是中国成为世界第三大资本输出国，以国有企业为主体的对外投资引起发达国家对中国的警惕。2011年以来，美国开始在多边、区域和双边领域积极推动竞争中立规则。2012年4月10日，美国和欧盟发布的《欧盟与美国就国际投资共同原则的声明》中，第二项就是公平竞争原则，声明指出，欧盟与美国支持经济合作与发展组织在竞争中立领域的工作，强调国有企业和私营商业企业享有同样的外部环境，并在既定市场上进行公平竞争。同时，2012年，美国BIT范本的修订中专门增加了对“被授权政府职权的国有企业及其他人”的解释，并制定了针对国家主导型经济体的条款，加大了对竞争中立规则的重视。

5. 投资规则谈判的议题更加宽泛

相比以往国际投资规则，新国际投资规则的谈判议题更加宽泛，不仅包括外资准入与开业、投资者待遇、履行要求、资金汇兑、征用和补偿、争端解决等传统的议题，还包括环境政策、劳工标准、更高的透明度、投资者义务、企业社会责任、知识产权、竞争政策、公共治理与机构、国有企业等一系列新议题。国际投资新规则议题更宽泛，标准更高。

6. 发展中国家积极参与新一代国际投资规则的制定

新兴经济体群体性崛起，发展中国家在国际舞台上有了更大的发言权。如果说发展中国家对第一代和第二代国际投资规则是被动接受，那么，在新一代国际投资规则的制定中，发展中国家更多的是从被动变主动，积极参与。

（四）主要国际投资保护规则简介

1. 1958年《纽约公约》

1958年，国际商事仲裁会议在联合国总部纽约召开，此次会议通过了

《承认和执行外国仲裁裁决公约》，即《纽约公约》。此后，公约短短的16条条款通过指导和促进承认及执行外国仲裁裁决的理论和司法实践，对各国立法，尤其是国际仲裁立法发挥了巨大的作用。目前，公约缔约国已有142个国家和地区。

《纽约公约》调整的事项有：

第一，缔约国承认仲裁协议的效力。如果缔约国的法院受理一个案件，而就该案件所涉及的事项，当事人已经达成公约所指的仲裁协议时，除非法院查明该项协议无效、未生效或不能实行，应依一方当事人的请求，令当事人将案件提交仲裁。

第二，缔约国相互承认仲裁裁决具约束力，并依照执行地的程序规则予以执行。在承认或执行其他缔约国的仲裁裁决时，不应在实质上比承认或执行本国的仲裁裁决规定更繁的条件或更高的费用。

第三，申请承认和执行仲裁裁决的一方当事人，应该提供原裁决的正本或经过适当证明的副本，以及仲裁协议的正本或经过适当证明的副本，必要时应附具译本。

第四，凡外国仲裁裁决有下列情况之一者，被请求执行的国家的主管机关可依被执行人的请求，拒绝予以承认和执行：（1）签订仲裁协议的当事人，根据对他们适用的，存在某种无行为能力的情况，或者根据仲裁协议所选定的准据法（或未选定准据法而依据裁决地法），证明该仲裁协议无效；（2）被执行人未接到关于指派仲裁员或关于仲裁程序的适当通知，或者由于其他情况未能对案件进行申辩；（3）裁决所处理的事项，非为交付仲裁事项，或者不包括在仲裁协议规定之内，或者超出仲裁协议范围以外；（4）仲裁庭的组成或仲裁程序同当事人间的协议不符，或者当事人间没有这种协议时，同进行仲裁的国家的法律不符；（5）裁决对当事人还没有拘束力，或者裁决已经由作出裁决的国家或据其法律作出裁决的国家的主管机关撤销或停止执行。另一方面，如果被请求承认和执行仲裁裁决地所在国家的主管机关查明有下列情况之一者，也可以拒绝承认和执行：（1）争执的事项，依照这个国家的法律，不可以仲裁解决；（2）承认和执行该项裁决将与这个国家的公共秩序抵触。

第五，公约的规定不影响缔约国参加的有关承认和执行仲裁裁决的多边或双边协定的效力，也不剥夺有关当事人在被请求承认或执行某一裁决的国家的法律或条约所许可的方式和范围内，可能具有的利用该仲裁裁决的任何权利。这就是所谓更优惠条款。

中国于1986年12月加入《纽约公约》，1987年4月该公约对中国生效。中国在加入该公约时作了互惠保留和商事保留声明，也就是说，中国只承认和执行来自缔约国且所解决的争议依中国法律属于商事关系的仲裁裁决。

2.《1965年华盛顿公约》

《关于解决国家与他国国民间投资争端公约》(Convention on the Settlement of Investment Disputes Between States and Nationals of Other States) 简称《1965年华盛顿公约》。该公约1965年3月18日缔结于华盛顿，1966年10月14日生效。该公约是在国际复兴开发银行（世界银行）主持下缔结的、为解决一缔约国与其他缔约国国民间的投资争议的多边国际公约。

《1965年华盛顿公约》包括1个序言和10章75条，其目的在于提供解决国家和外国私人投资者争议的调节和仲裁的便利，促进相互信任的气氛，并鼓励私人资本的国际流动。公约决定在华盛顿成立“解决投资争端国际中心”(ICSID)，作为解决缔约国与其他缔约国国民争议和实施公约的常设机构。1966年，ICSID成立，该中心具有独立的法人资格，并享有公约规定的特权和豁免权。

《1965年华盛顿公约》规定争议的解决方法有调解与仲裁两种。对于解决案件的法律，公约允许当事人协议选择，如无此协议，则适用争端缔约国的法律以及可以适用的国际法规则。ICSID受理的案件，有排他管辖的效力，同时，ICSID受理案件以后，也不得借口法律无明文规定或含义不清而暂时不作出裁决。裁决结果对双方有拘束力，不得进行上诉或采取任何除本公约规定外的补救措施，各方应遵守和履行裁决。此外，公约还就国家主权豁免、公平与善意原则、用尽当地救济原则等内容作了规定。

《1965年华盛顿公约》是成员广泛、影响力较大的一个公约。中国于1990年2月签署，1990年7月加入该公约。

3. 双边投资保护协定

双边保护投资协定是“二战”后签订的投资协定。从20世纪40年代开始，美国等发达国家纷纷立法，建立了旨在保护本国海外投资的保险制度，但对于海外投资者母国投资保险机构国际代位索赔权的实现仍无法保证。继大规模国有化浪潮之后，发展中国家在其国内新的立法中多有鼓励和保护外商投资的新规定，但它毕竟只是国内立法，仍不足以切实消除外国投资者的疑虑。这种单纯依据发展中国家有关外资的国内立法或发达国家有关海外投资保险制度的国内立法，都无法为发达国家流向发展中国家的投资提供充分的法律保护，于是，有关国际投资保护的双边条约（协定）便得以逐渐盛行。

有关国际投资保护的双边条约，有三种模式：

友好通商航海条约。这种条约牵涉的范围颇为广泛，因而对于外国投资的法律保护这一特定问题的规定往往欠明确、具体，美国等国家在1960年后就不再推行“友好通商航海条约”这一双边条约模式了。

投资保证协议。此类双边协议的核心在于让对方缔约国正式确认美国国内的承保机构在有关的政治风险事故发生并依约向投保的海外投资者理赔之后，享有海外投资者向东道国政府索赔的代位权和其他相关权利及地位。

促进和保护投资协定。此类协定内容详实具体，实体性规定和程序性规定并举，能够为资本输出国的海外投资提供切实有效的保护，因而一问世便得到各发达国家的竞相效仿和大力推行，而且也为发展中国家所广泛接受。

当代各国所缔结的双边投资保护协定一般包含投资定义、批准、待遇、代位权、征收条件和补偿以及争端解决程序等条款，其内容往往是资本输出国和资本输入国利益平衡和互相妥协的结果。通过对中法投资保护协定及美国提交对方缔约国供谈判用的“双边投资保护条约”样本的比较，并结合其他投资保护协定的相关条款，此类协定的主要内容包括：

投资。美式协定将“投资”定义为：“在缔约国一方所属所控制领土，由缔约国另一方的国民或公司直接地或间接地投入的各种形式的资本，诸如股票、债权、各种劳务合同与投资合同。”它包括：

有形财产和无形财产，包含各种权利，如抵押权、留置权以及质权等；

公司、公司的股票或其他权益、公司资产的各种利益；

金钱请求权，或具有经济价值并与投资有关的行为请求权；

各种知识产权和工业产权，包括版权、专利权、商标权、商号名称、工业设计、商业秘密与专有技术，以及商业信誉等项权利；

由法律或合同所赋予的各种权利以及依法授予的各种特许证和许可证。

中法协定对“投资”的定义与美式协定使用的措词有所不同，但内容基本一致。除“投资”外，美式协定还将保护范围扩大至“各种有关活动”，中法协定并无此种条款，但从协定精神以及中国同其他国家缔结的投资协定的规定来看，与投资有关的活动也在保护范围之内。

外资准入及待遇。双边投资保护协定一般规定，缔约一方根据其法律（或法规、政策、行政惯例及审批部门享有的法定权限），准许缔约对方投资，从而显示对东道国在外资准入方面自主权的尊重。

在外资待遇方面，中法协定要求相互给予对方以“公平和公正的待遇”以及“不低于第三国投资者的待遇”。在准入环节上，美式协定则要求缔约方按国民待遇或最惠国待遇标准允许对方投资者入境投资，但在一些部门或行业或可以作为例外而不给予外商国民待遇。美式协定并要求取消外资准入的业绩要求，如出口比例、当地成分等要求。可见，美式协定在投资准入方面倾向于对外资的无条件开放。

在外资待遇方面，美式协定的特点是：除了要求缔约各方给予对方“公平合理的待遇”之外，还特别规定“所获得的待遇，在任何情况下均不得低于国际法的要求”。这种措词往往给国际上的强权政治者留下“法律根据”，便于他们任意“解释”和随便对弱者“问罪”，近代国际法发展史上的此类事例屡见不鲜。

利润汇出。中法协定允许投资者在“合理期间内”自由转移利润、资本清算所得及征收补偿等收入。美式协定则规定此类款项应可“自由地和及时地”转移。

代位。中法协定规定缔约一方可为其投资者在缔约另一方境内的已得到批准的投资提供担保；缔约另一方应承认缔约一方之代位权。中国所缔结的双边投资保护协定，大都有此种代位权条款。而美国由于已推行并签订了一进多项专门特设的双边“投资保证协定”，其中已经含有代位索赔条款，因此美式的“投资保护协定”中并无代位条款。

征收补偿。中法协定和美式协定都规定了东道国对外资征收或国有化的前提条件，即：①为了公共目的；②采取非歧视性方式；③按照法律程序进行；④给予补偿。

但在补偿数额及支付方式方面，两种协定有着重大区别。中法协定正文仅规定应给予适当的补偿，这反映中国的一贯立场。中法协定附件对补偿数额的规定体现了一定的灵活性，附件说明补偿额“应相当于有关投资的实际价值”。而根据美式协定，给予“及时、充分、有效”的补偿是对外资实行征收或国有化的条件；补偿金额“应相当于被征用的投资在（东道国）采取或宣布征用行动前夕的公平合理的市场价格，其中包括自征用之日起按商业上合理的利率计算的利息”。

在补偿的支付方面，中法协定的规定是“给付不应无故迟延”，因此，合理的迟延是可以允许的。而美式协定则要求“补偿金应当毫不迟延地支付”。

争端解决。争端有两种，第一种是缔约国双方在协定的解释或适用问题上的争端。中法协定和美式协定有关此种争端解决方式的规定并无实质区别，二者均规定争端首先可以通过协商等外交途径解决，其次便是通过国际仲裁（临时仲裁）。第二种争端是投资争端，即缔约一方与另一方投资者之间发生的争端。按中法协定，投资争端应尽可能通过和解解决；如果六个月内未能达成和解，则可向东道国行政当局申请或向东道国法院提起司法诉讼，两者均属采用“当地救济”方式。如果此争端提出后一年内尚未得到双方满意的解决，则可提交国际仲裁（临时仲裁）。

另外，根据中法协定所附换文，两国同意在双方均成为《解决国家与他国国民间投资争端公约》的参加国时，应当举行谈判，就将投资争端提交ICSID的有关事项，达成一项补充协议。现在我国已签署并批准了上述公约，这就为中法两国争端当事人将有关的投资争端提交ICSID，提供了可能。

美式协定规定了投资争端应先通过协商和谈判解决。若协商不成，则可按照争议双方事先商定的适当程序解决。在争议发生六个月以后，作为争议一方的国民或公司可书面表示愿将争议提交ICSID调解或仲裁。在这里，只要作为争议一方的国民或公司出具了书面同意文件，争议的任何一方即可向ICSID或其附属机构提出申诉。这就排除了东道国对提交ICSID的争议进行逐个甄别审批的权力。

其他条款。双边投资保护协定通常还包含对因战乱而遭受损失的外国投资者进行赔偿的战乱损失赔偿条款，以及缔约一方应遵守其对缔约另一方投资者所作特定承诺的“保护伞条款”。由上述比较中可以看出，中法协定无论在投资审批、投资待遇、利润转移、征收和补偿以及投资争端解决方面，都有着实质不同。

三、国际投资规则的主要内容

相对成熟的国际投资规则主要包括投资定义、投资待遇、征收、转移、投资者与国家间投资争端解决等议题。

（一）投资定义

投资定义决定投资条约保护的对象范围，构成投资仲裁管辖权的基础，几乎所有的国际投资协定都对投资的概念进行了界定。随着国际投资规则的发展变化，国际投资协定中的投资定义的内涵也在扩大，目前大都采用广义的定义法，将任何具有投资特征的资产（含有形资产和无形资产）均纳入保护范围，不仅包括直接投资，也包括间接投资。至于何为投资特征，一些国际投资协定列举了三项特征：资本或其他资源的投入、收益或利润的期待和风险的承担。

（二）**公平与公正待遇**

外资待遇制度是国际投资协定的重要内容，直接决定了外国投资者在东道国的法律地位。而在外资待遇制度中最引人注目的是公平与公正待遇标准，因为它不仅可以作为评估外国投资者和东道国之间关系的尺度，而且表明了东道国在考虑外国投资者公正与公平利益条件下接受外国直接投资的意愿。作为一项绝对待遇标准，公平与公正待遇标准在国际投资协定中得到普遍采用。联合国贸发会议关于公平与公正待遇一词的准确含义主要有两种解释方法：一种是本意法，即直接将该待遇定义为给予公平公正待遇。二是将其等同于国际最低待遇标准。依照本意法，“公平与公正待遇”一词即为其原有之意。因此，当外国投资者得到享有这一待遇的承诺时，可对给予该投资者的特定待遇是否“公平”及“公正”作出直接的评价，如果存在不公平或不公正，则可得出违背公平与公正待遇的结论。持第二种见解者则认为公正及公平待遇与国际法上的国际最低标准是同一的。这种观点的推论是：在国际习惯法中，外国投资者有权享受某一水平的待遇，如果国家提供的待遇低于该水平，就应当承担责任。

（三）**国民待遇**

国民待遇要求一国以不低于给予本国国民待遇的方式对待外国人，即外国人与本国人享有同等的待遇。由于它有明确的参照，因此成为国际投资协定中关于外国人待遇的最重要的制度之一，它往往要求投资东道国针对外国投资者及其投资在投资的整个生命周期都要给予不低于本国人的待遇。

采用“准入前国民待遇”的国家越来越多，既包括美国、欧盟、加拿大、日本、澳大利亚等发达国家，也包括墨西哥、印度、泰国、南非、俄罗斯、越南等众多发展中国家。

（四）**最惠国待遇**

同国民待遇一样，最惠国待遇是国际投资规则中的关键条款之一。它要求投资东道国针对一个外国投资者给予的待遇，不得低于在同等的情况下其给予任何来自于其他国家投资者的待遇，旨在防止以外国投资者的国籍为依据从而针对不同国别的投资者采取歧视性的做法。同前述国民待遇条款一样，最惠国待遇涵盖的范围十分广泛，通常也适用于投资的整个生命周期，包括投资的设立、经营、维持、使用、出售或投资清算等。但是，不同的国际投资协议中对于最惠国待遇标准的规定并不一致。

实践中，最惠国待遇也有“准入前”和“准入后”之分。如果一项国际投资协定在最惠国待遇条款中含有“设立”“获取”“扩大”这三个含有准入意涵的投资环节，则意味着缔约方承诺给予准入阶段的最惠国待遇，应不低于给予任何第三国投资者或投资的待遇，也称作“准入前最惠国待遇”。如果不含准入环节，仅是规定在投资的管理、经营、运营、出售等投资进入后的阶段，则意味着仅承诺给予准入之后的最惠国待遇，也称作“准入后最惠国待遇”。

（五）征收

国际投资协定中的征收是指东道国政府利用公权力对投资者或其所投资企业的财产所有权或使用权包括预期收益进行剥夺。一般认为，主权国家有权对其境内包括外国私人财产在内的一切财产实行国有化，但要符合一定的条件。双边投资协定对此虽措辞有异，却都规定有大致相同的条件：即征收，必须是出于国家公共利益的考虑，必须是对外国投资者采取无差别待遇，必须对外国投资者予以补偿，必须尊重法律程序进行。

征收可分为直接征收和间接征收两种类型，前者是指直接剥夺投资者的财产权，往往涉及投资所有权的转移。直接征收多发生于20世纪中叶民族国家独立、非殖民化运动、旧政权被革命势力推翻的特定时期。

实践中，双边投资协定大多不对征收直接定义，而只做一般性描述。间接征收是指东道国政府采取干预外国投资者行使财产权的各种管制措施，其实施方式是渐进性的，虽然这些措施在形式上没有剥夺投资者的所有权，但是对投资者财产的影响足以构成对投资者的投资利益的剥夺，或对投资的管理、使用或控制权的限制，或使投资的价值受到实质性的减损。“二战”以后，世界各国总体上进入相对和平稳定的发展阶段，发生直接征收的情况越来越少，而间接征收的发生频率呈现上升之势，这就使得间接征收问题受到了国际社会越来越多的关注。

征收是国际投资协定的核心条款，直接与投资者权益保护问题相关联。东道国政府对外资实行征收之后，要给予补偿，这已经成为几乎所有国际投资协定的普遍做法。但是，对于应给予多少补偿和怎么补偿，即补偿标准问题，历来存在巨大分歧。发展中国家坚持适当补偿或合理补偿，而发达国家则坚持应给予及时、充分和有效的补偿，即赫尔公式的高标准补偿。

中国在对外缔约国际投资协定的早期，长期坚持适当补偿或合理补偿的标准，反对在双边投资协定中引入赫尔共识。但随着近年来中国对外投资规模的持续扩大，中国企业海外投资权益保护的必要性与日俱增，尽管中国在缔约实践中未采用完全意义上的及时充分有效补偿标准，但在具体措辞上已与之逐步接近。

（六）转移

由于转移问题往往牵涉东道国的外汇管制，为兼顾投资东道国的利益，国际投资协定往往对东道国肩负的自由转移义务设置了一些例外，主要包括三种情形：一是通常规定需要遵守东道国关于外汇管理的法律法规或其他手续；二是出于执行东道国相关法律，如破产法、金融监管、刑事处罚等的需要，可通过公平、公正、非歧视和善意的方式阻碍转移；三是国际投资协定一般规定，在国际收支遇到严重问题或受到严重威胁的时候，缔约任何一方可实施必要措施，暂时闲置转移。

（七）保护伞条款

保护伞条款是缔约方加强投资者权益保障水平的一项独特的制度安排。它要求缔约方不仅要遵守其缔结的国际投资协定，还要遵守其与缔约另一方投资者所作出的包括特许协议和商业合同在内的一切承诺。该条款系由英国著名的国际法学家劳特派特于20世纪50年代首次提出，并在1959年被纳入德国与巴基斯坦签订的世界上第一个双边投资协定中。

保护伞条款是一个富有争议的条款，主要有两派观点：从严解释保护伞条款；宽泛解释保护伞条款。目前看，相对主流的观点认为采取限制性解释较为合理。

（八）投资者与投资东道国间仲裁

国际公法理论认为，主权国家享有司法豁免，任何个体或实体均不得向任何组织起诉主权国家。国际投资协定引入的国际投资仲裁机制，意味着作为私人的投资者可以向国际投资仲裁机构起诉享有主权的投资东道国，是对上述传统国际法观点的重大突破。对于投资者来说，引入这样的争端解决条款至关重要，它可以保障投资者在其权益遭到投资东道国不法侵害时获得公平、公正的救济途径。

四、中国参与国际投资规则制定的总体情况及挑战

自1982年中国与瑞典签署首个双边投资保护协定后，在相当长的时间里一直采取欧式协定模式。2013年7月，中国同意与美国以准入前国民待遇和负面清单模式开展实质性谈判，自此出现模式变化。中国已与世界130多个国家和地区签订了双边投资保护协定，并在构建境外安全网络、制订应急预案、处理突发事件等方面做了大量工作。

（一）总体情况

中国缔结国际投资协定的历史发展分为三个阶段。

1. 第一阶段投资协定（1982—1992年）

在改革开放之初，中国认识到与外商签订投资保护协定对于吸引和利用外资的积极作用，借鉴原联邦德国的投资协定模板，制定了中国双边投资保护协定谈判文本。当时，中国利用外资刚刚起步，内资、外资管理实行双轨制，存在外国投资者与政府产生争议的风险。在与外商谈国际投资协定时，中国把国家利益和安全放在优先考虑的位置，强调“留权在手”，强化对外资的监督和管制，将投资者的利益置于相对从属地位。

2. 第二阶段投资协定（1993—1998年）

1993年，中国正式加入1965年3月18日开放签署的《1965年华盛顿公约》。此后，中国双边投资协定范本的争端解决条款中，增加了允许外国投资者将有关征收补偿款额的争议提交ICSID仲裁的相关内容，大大增加

了对投资权益的法律保障，这是第二代与第一代投资协定的最主要区别。

3. 第三阶段投资协定（1998年至今）

1998年以来，中国与外商签订双边投资协定工作出现了新的情况，外方在谈判中要求国民待遇条款进行磋商的现象越来越普遍。特别是中国加入WTO后，随着中国经济社会的全面发展，法制建设的不断完善和利用外资水平的提高，对外资给予国民待遇的条件日渐成熟。在这样的背景下，中国逐步对投资协定范本进行了较大调整。一方面，开始在国际投资协定中纳入国民待遇条款；另一方面，在涉及投资保护的条款上，如征收、转移及投资者与国家间仲裁机制方面，逐步接受了较高水平的投资规则。

（二）中国参与国际投资规则制定面临的挑战

1. “身份混同”带来的挑战

投资国往往强调外资保护与投资自由化，而东道国则更多强调要“留权在手”，以保留更多政策调整空间。中国已经成为引进外资和对外投资的双料大国，由这种双料大国的地位所引致的身份混同和需求混同给中国缔结投资协定带来挑战：一方面，作为引资国，中国需要继续强调“留权在手”，以保留更多政策调整空间；另一方面，作为出资国，中国迫切需要通过缔结高标准的投资协定以保护海外投资。正是由于这种“身份混同”，中国在进行投资协定谈判和参与国际投资规则制定过程中已能够更为平衡、更为公正和客观地确定自身的谈判策略和立场。

2. 国际投资规则内涵扩张带来的挑战

进入21世纪以来，国际投资规则的内容、条款日趋复杂，已超越传统投资协定保护的范围。一是在实体内容上，越来越多的国家要求细化投资保护协定的条款，增加协定的可操作性。如在定义条款中明确投资的特征，明确公平、公正待遇的含义和具体标准，在征收条款中包括间接征收，规定认定间接征收的条件等。二是超越传统投资保护协定的范围，增加投资协定的内容。一方面要求在协定中增加与投资自由化、便利化有关的议题，如市场准入、透明度、禁止业绩要求等；另一方面有些国家将与投资有关的其他内容也纳入协定范畴，如竞争政策、知识产权、环境保护、劳工、税收、金融等。三是程序性条款呈现出复杂的趋势。主要体现在日益复杂的投资者与东道国之间争端解决程序条款的设计上，目的是增加争端解决机制的可操作性和透明度，防止投资者滥诉，限制仲裁庭专断。如对投资者滥用诉权问题的处理、合并仲裁、第三方参与、裁决的公开，甚至包括上诉机制的设立等。上述内容超出了中国传统与外商签订投资协定所涵盖的内容，如何在这些新议题上结合中国自身经济利益形成中国的立场，是一个不小的挑战。

3. 国际投资仲裁带来的挑战

估计仲裁时间越来越呈现出复杂性和不确定性。对可能面临的国际仲裁潜在风险应有清醒的认识：一方面，随着国际投资协定的不断发展，内容更为丰富和具体，投资者越来越多地援用国际仲裁这一手段维护自身利益，而中国作为吸引外资最大的发展中国家面临投资者诉诸国际仲裁的潜在风险始终存在；另一方面，随着与美国、欧盟等发达国家开展投资协定谈判工作的展开，可以预料的是，如果这些协定达成，这些国家的投资者不仅有实力而且有经验进行国际仲裁。

第二节 国际投资规则的困境分析

一、金融危机对国际投资规则的影响

在国际金融危机的大背景下，各国投资政策呈现出推进投资自由化和便利化与投资保护主义两种倾向并行的特点。一方面，不少国家进一步放宽对外资准入的限制，推进贸易的自由化，出台投资便利化的激励措施，推行税收减免等优惠政策，各国在吸引外资方面的国际竞争空前加剧。另一方面，投资保护主义抬头的迹象明显。一些国家采取歧视性的做法，开始运用国际规则中的漏洞，以“变相”方式歧视外国投资者或其产品。例如在政府采购（特别是大型的公共基础设施项目）中倾向于使用国内成分高的产品，阻止银行对外国业务提供贷款，通过宽泛解释国家安全定义范

围，来援引"国家安全例外"等。

2008年金融危机之后，国际投资规则迎来了新的发展阶段，呈现出新动向和新特点。

（一）**不断减少对自由投资的限制**

从投资保护和促进到投资自由化时代，投资者范围扩大；国民待遇和最惠国待遇从准入后阶段延伸到准入前阶段；对业绩要求的限制减少。

（二）**投资规则取向综合化和法典化**

条约结构上看，当代国际投资协定一般分为三部分：定义条款、实体规则和程序性条款。从涉及内容上讲，除传统的投资待遇、资本及外汇转移、征收补偿等内容外，还涉及金融服务、税收及国家安全例外，要求缔约方承诺不以降低环境和劳工保护标准为代价吸引外资，不强制外国投资者转让技术和实行出口业绩要求以及透明度、国有企业、知识产权、政府采购等方面的内容。

（三）**投资规则更加细化**

要求明确投资定义、公平公正待遇和征收补偿程序、争端解决条款。

（四）**对投资者及其投资的保护有所加强**

国民待遇和最惠国待遇范围扩大；明确中央政府和地方政府的准入前义务、征收补偿标准。

（五）**更加注重东道国利益和投资者权益保护的平衡**

历史上看，国际投资协定是在发达国家的推动下出现和不断发展的，最初主要是为了保护发达国家在发展中国家的投资者和投资。但是，随着发展中国家的不断崛起及其对外投资的发展，发展中国家和发达国家都从单纯的资本输入国或单纯的资本输出国，转变为集二者一身的国家。因此，以发达国家为代表的新一波国际投资协定范本中，开始关注东道国国家利益和投资者保护的平衡。在争端解决方面，规定了更加详实的程序性条款，各项机制不断改革和完善，不仅给东道国留有一定空间和余地，也用以限制国际投资仲裁机构的自由裁量权。在例外条款的设定方面，越来越多的国家引入了国家安全例外、一般例外、金融审慎例外、税收例外甚至文化领域的例外条款，目的是在给予外国投资高水平保护的同时，更好地兼顾投资东道国的国家利益。

（六）发达国家在主导国际投资规则制定方面动作频频

2012年4月10日，欧美联合发布《关于国际投资共同原则的声明》，规定了公开和非歧视的投资环境，包括准入前国民待遇、国有企业的公平竞争、对投资者和投资提供有力保护、公平和有约束力的争端解决、严格的透明度和公众参与规则、负责人的商业守则（含跨国公司社会责任）、从严掌握安全审查的考虑因素等七项原则，集中反映了欧美对国际投资规则的统一立场。欧美此举意在国际投资规则方面树立新标杆，确立新规矩，反映了其联手主导国际投资规则制定的意图。2012年，美国公布了2012年投资协定范本，在环境、劳工、透明度、业绩要求等条款上进行了修改和完善。

（七）国际投资规则的多边化趋势得到了加强

国际投资规则至今仍处在碎片化的状态之中，不仅缺乏一套综合性的多边条约，也缺乏一个有效运作的国际机构，更缺少具有司法性的争端解决机制。2013年1月，作为美国政府智囊的彼得森经济研究所发表了题为《世界需要多边投资协定》的文章，呼吁各国达成一项“多边投资协定”。WTO前总干事拉米也在不同场合表示，建立一个统一的多边投资框架有利于提高全球投资环境的稳定，并增强可预测性和透明度。世界上不少国家已经认识到，国际投资规则的多边化是经济全球化与各国经济相互依存度增加的必然要求。国际社会正面临越来越多的共同难题，尤其是在环境、健康、劳工等领域。解决这些难题必须依靠国际社会的共同努力、综合治理，而非一个或几个国家的努力所能实现。以双边投资协定为主体的现行国际投资规则囿于效力的双变性和分散性，无法从全局处理这些问题。唯有改变当前国际投资治理的一盘散沙的局面，转而实施多边治理，形成多边层面的统一投资规则，方能找到出路。

二、国际投资规则安全审查

国际投资规则不能回避的问题是外资的国家安全审查问题。截至目前，国际上并没有针对安全审查的统一规则。而在国际投资规则的框架下，国际投资协定一般将国家安全问题作为例外处理，规定缔约方可在其领土内为维护国家根本安全利益采取措施。具体有以下三种情形：

（一）**协定规定的绝对例外**

一些国际投资协定中规定，缔约方可采取任何“其认为（it considers）”是保护根本安全利益所必要的行为，意即缔约方采取的措施具有“自判性”，不受该协定义务的约束，也不受协定规定的投资仲裁机制的管辖。

（二）**协定规定的相对例外**

一些协定的安全例外条款中并未加入以上提及的“自判性”文字。在这种情况下，一旦出现投资争端，作为被申请人投资东道国可以援引相对例外条款，以保护国家根本安全为由进行抗辩。最终是否属于国家安全，以及是否能够依据国家安全进行有效抗辩，交由国际投资仲裁庭进行裁断。如美国和阿根廷双边投资协定虽有根本安全例外条款，但条款中未包含诸如“其认为”的自判性文字，因此在该协定下的多个投资争端仲裁中，仲裁庭均得出结论认为，其有权裁断阿根廷政府采取旨在保护国家安全的措施是否违反协定义务。

（三）**一些双边投资协定中不包括根本安全例外条款**

中国早期签署的协定属于此种类型，如中国与英国、德国、科威特和以色列等国的双边投资协定。巴西、意大利、南非等国对外缔结的协定也属此类。在这种情况下，如缔约方基于安全原因而采取措施，只能根据国际公法的一般原则进行抗辩，如援引《联合国宪章》下“履行维持或恢复国际和平与安全”的义务，或危急情况之习惯国际法（根据国际法委员会2001年《国家对国际不法行为的责任条款草案》）来进行抗辩。

此外，关于“根本安全利益”或“国家安全”的范围，大多数国际投资协定都未加以解释或限定，因此其概念较为宽泛，仲裁庭通常参考习惯国际法来界定。也有的协定采取了列举的方式，如加拿大2004年促进和保护投资协定范本规定，与军火交易、实施战争、战争时期和其他紧急状态、核不扩散等相关的措施属于安全例外。

第三节 “一带一路”投资规则制定的思考

一、沿线各国积极参与国际投资规则的制定

目前国际投资规则处在推陈出新的历史拐点，各国需要更加积极主动、创新式地参与规则构建。“一带一路”作为倡议，需要更细化的投资合作指导性原则；作为战略，需要更接地气的投资规则加以约束。

（一）全局出发提出投资合作指导性原则

“一带一路”作为倡议，有一定的灵活性，在投资领域可以进一步细化倡议的原则和内容。但如何拟定指导性原则和具体内容，如何既保证我国利益又实现域内整体利益最大化是关键。投资合作的指导性原则应该在“一带一路愿景与行动”的基础上，包含行业互补性开放、争端友好式协商、风险最大化可控等具体内容。投资合作指导性原则虽然没有法律约束力，但由于“一带一路”特别是投资合作的互利共赢原则能给各方都带来实实在在的收益，因此未来可能发挥重要的引领和示范作用。待投资项目不断落地并实现共赢之后，投资合作指导性原则将更加深入人心，“一带一路”可以突破“倡议”的内容而建立实际的投资合作机制或机构。当然，仅有指导性原则是远远不够的。作为战略，“一带一路”有一定的实操性，需要有互利共赢且能贯彻执行的投资规则去实现以德服人、以义服众，因此，要在多边、区域和双边多个层面进行投资规则的整合，升级投资规则，更新投资条款。

（二）多边层面积极倡导投资规则

多边层面最理想的状态是建立类似于WTO的投资协调机构，建立一套通行的规则体系。因此，中国首先应致力于投资规则，在原有多边投资协定（MAI）、多边投资框架（MFI）的基础上力推建立一种适应各国共同需求、综合性的投资规则，并坚持以可持续发展的理念和原则积极参与规则制定；次优选择是充分利用现有的多边投资担保机构（MIGA）和

ICSID。“一带一路”沿线国家的政治风险普遍较大，中国必须要用好现有的风险担保机制以及争端解决机制，利用国际组织或协定来保障中国企业的海外投资利益。

（三）区域层面尝试性推广投资新规则

区域层面的投资规则是目前发展变化最快的，相比于发达国家，中国不管是在理论上还是实践中都是后来者，需要加快学习甚至赶超的步伐。

一方面，创造性地提出适合“一带一路”的投资条款，使其更接地气，既不可生搬硬套，盲目追求新规则、高标准，也不可全盘否定、推倒重来；另一方面，中国可借用现有的区域性机制或机构推进“一带一路”的投资合作，尤其是RCEP和亚投行，在中国主导的区域性合作框架内进行大胆尝试，抢占规则制定的话语权和主动权。

（四）双边层面落实并升级双边协定

双边层面是最应该而且有能力实现突破的。中国应尽快升级与“一带一路”沿线国家签署的投资协定，争取与所有沿线国家都签署新一代的投资协定，不仅仅是保护直接投资，还要促进和便利化直接投资，更要加快投资的行业开放和自由化进程。鉴于“一带一路”投资的风险性，一方面我们要充分利用BIT 在政治风险方面的保障作用，运用现有规则维护我国的海外投资利益；另一方面要积极推进 BIT的便利化和自由化进程，加快投资促进的协调机制建设，并与适当国家进行扩大投资行业准入的尝试性实践。鉴于“一带一路”国家的多样性，BIT 的升级应当是根据国家特性因地制宜地稳步推进，高标准的投资条款亦是如此。“准入前国民待遇+负面清单”的管理模式虽是未来趋势，但由于“一带一路”沿线多半是发展中国家，可考虑跟部分较发达的域内国家进行这种管理模式的创新，不可操之过急，更何况中国也尚处于试验阶段。其他投资条款也一样。另外，结合投资的风险性，可考虑引入投资者—东道国争端解决机制，但须保证公正性和合理性，照顾到广大发展中国家的利益。

（五）我国应通过深化改革主动对接新规则

国际层面的规则构建需要国内层面的体制改革，中国需要继续创新投资管理体制，以自贸区试点为突破口，加快与国际新规则的对接。古语云：“治人者必先自治，责人者必先自责，成人者必先自成。”中国要想参与国际投资规则的制定，在“一带一路”推进过程中建立符合中国和各方利益的投资规范，就必须以身作则地先在国内推行高标准的投资规则，一方面，要稳步地全国推广准入前国民待遇加负面清单的外商投资管理模式，并不断缩短负面清单的长度；另一方面，要落实以备案为主、核准为辅的对外投资管理体制，完善事中和事后监管，减少行政干预。“打铁还需自身硬”，只有当中国以身作则地实现了新规则，才能在“一带一路”的投资合作中实现以倡议指导合作、用规则携手共赢。

二、“一带一路”投资规则的设计原则

（一）投资规则制定不能抛弃多边体系

OECD认为发达国家与发展中国家对于建立统一的国际投资规则体系的利益诉求分歧过大，有发展中国家参与的多边投资协定谈判难以在短时间内达成一致，于是决定将发展中国家排除在外，先由发达国家发起谈判，达成一致后再推销给发展中国家，迫使其接受既成的投资规则。但实际结果却与设想相去甚远，不仅各发达国家因各自主张差异过大而未能达成一致，而且发展中国家毫无动力接受发达国家制定的高标准国际投资规则。可见“一带一路”投资规则的设计不能抛弃多边体系，要充分考虑到不同类型国家的利益诉求，坚持多边主义，充分发挥多边体制的作用，支持多边经济组织牵头协调各国利益，平衡各国权利与义务。

（二）投资规则要设置合适的标准

在制定“一带一路”投资规则时，必须充分顾及“一带一路”各成员对于投资规则的接受程度，以最大限度包容各国的诉求，寻求各国对投资规则的最大公约数，使各国能够互利共赢。当前世界经济和贸易投资复苏动力不足，贸易保护主义、民粹主义强力回潮，主要国家政策取向更趋内顾，在此背景下推进多边投资协定势必面临诸多阻力。因此，应在各方接受的基础上从标准较低的规则入手，根据谈判情况逐渐调整提高目标。

（三）投资规则价值取向不能偏颇失衡

“一带一路”投资规则旨在保护投资者利益，包括最大限度的投资自由化、便利化，扩大市场准入范围，投资者国民待遇，投资政策透明度，投资监管规范化，投资经营环境和制度稳定性，投资者权益保护，投资变更和资本、利润转移自由等，同时也要关注对东道国的权益保护。

“一带一路”投资规则应重点平衡国际投资者权利和利益的关系，在规则制定过程中处理好东道国“主权”和投资者“人权”之间的关系。既注重促进投资自由化、便利化和投资者权益保护，也要尊重东道国权利，强调对投资的有效监管，确保各国能够依据公共政策需要对投资进行调控，明确规定投资者应致力于东道国的可持续发展，积极承担社会责任。

三、“一带一路”投资规则的内容

（一）优先构建地缘性多边投资规则

1. 中国海外投资的行业产业特点决定了构建地缘性规则的优先性

地缘性多边投资规则意指以地缘关系为基础的国家就具有互补关系的投资议题达成的多边投资规则，分为特殊投资规则和一般投资规则两种，前者应优先。随着“一带一路”的逐步推动、亚投行的建立和营运、丝路基金的设立和运行，与我国具有密切地缘关系的国家就基础设施、能源、通信、环境等行业产业达成多边特殊投资规则是我国需要解决的首要问题。尽管中国的“东盟+3”、日本的“东盟+6”方案存在谈判战略冲突，各国对投资自由化程度存在重大分歧，包含众多议题在内的区域经济一体化协定短期内难以满足当前投资的制度需求，但多边投资规则的制定是我国顺利推进和实现“一带一路”倡议的关键之一。

2. 采用专门化条约的方式先行构建地缘性特殊投资规则

当前基础设施和能源等公共领域投资关系的特殊性在于其性质已经从传统意义上的具有特许性质的“建设—经营—转让”（build-operate-transfer，以下简称BOT）方式向更为宽泛化和自由化的“公私合作伙伴”（ private-public-partnership，以下简称PPP）模式拓展。各国当前对PPP的看法不一致，有广义和狭义之分。换言之，各国对PPP模式下的投资关系是否与一般投资关系具有相同的法律性质、是否享有同等水平自由化程度，没有一致看法。在没有投资规则的情况下，其只能由东道国国内法调整，一般性投资条约对其法律供给极为有限。我国应在“一带一路”倡议下借鉴诸如《能源宪章条约》的专门化模式，先在具有紧密地缘关系的国家间就基础设施等方面的投资达成多边投资协定，然后将已达成的特殊投资规则并入一般性的RCEP投资规则、中欧投资协定中。

（二）建立核心条款

建立核心条款，为“一带一路”成员提供基本的投资保护规定，包括国民待遇、最惠国待遇，为符合国际法惯例的投资提供最低待遇标准，对投资不予赔偿的征收或征用。另外，还有资金转移、禁止业绩要求和高级管理层与董事会等其他核心条款。

（三）设置负面清单

负面清单列明了禁止外资进入的领域，未列入清单的所有领域应向外资全面开放。具体来说，负面清单包括两类：

1. 现有不符措施保留清单

即针对现有措施，如果东道国政府选择放宽，则之后不能再次收紧；并且，一旦放开，则其开放程度将被设定为新的标准，不允许再降低。

2. 未来不符措施保留清单

针对该类清单所规定的领域，即未来可以实行新的限制性措施的部门和活动领域，不论目前不符措施是否存在于其中。

由于各成员经济发展水平不一，负面清单管理模式对各成员的影响也不一样。对发达国家来说，这意味着海外市场的扩大和对外投资的增加；相对的，发展中国家的国内相关产业将会受到冲击，尤其是发达国家具有比较优势的产业。当然，采用负面清单管理模式对发展中国家吸引外资是有利的。

（四）引入其他前瞻性议题

为了维护缔约国自身的利益，“一带一路”投资规则还可设立“投资与环境、健康及其他监管目标”以及“企业社会责任”条款，为缔约国保留更大的监管空间。

四、“一带一路”投资规则的机制

（一）多边层面规则机制

国际投资领域目前尚没有建立一个国际性的监管机构，也没有一个综合性的国际协定，因此，“一带一路”的直接投资缺乏有效的协调机制和多边约束。这一点跟贸易相比非常尴尬，毕竟贸易领域的多边机构和协定（WTO及其GATT、EATS、TRIPS等协定）可以作为全球通用的规则，直接用于规范和促进“一带一路”的贸易合作。目前，国际上仅存的几个有约束力的多边投资协定包括：《多边投资担保机构公约》《关于解决国家和他国国民间投资争端公约》以及WTO框架下的相关协定（主要指的是《与贸易有关的投资措施协议》，简称TRIMS）。其中，MICA用以降低在发展中国家投资的政治风险，ICSID通过调解和仲裁解决国家间的投资争端，TRIMS仅涵盖与货物贸易相关的、对贸易产生限制和扭曲作用的投资措施。上述几个多边协定，中国都是参与国，可以直接利用，以加强“一带一路”的投资合作，但作用非常有限。首先，这些协定的出发点是保护国际投资，涉及投资风险和投资壁垒，但没有涉及如何促进和鼓励直接投资，可以说处在国际规则的低级阶段；而现在的多边贸易规则，已经由贸易保护、贸易自由化升级到了贸易促进、贸易便利化的高级层次，《贸易便利化协定》就是佐证。其次，这些协定仅涵盖了部分投资议题，不全面也不系统，甚至可以说仅包含投资领域的冰山一角，大量的基础性问题（如国民待遇、最惠国待遇）以及敏感性问题（如国家安全审查、资金转移及监管）都没有给出规范性的解决办法。最后，这些协定的约束力、权威性和有效性还是受到质疑的。以ICSID为例，根据世界银行国际投资争端解决中心的统计数据，1972—2015年间，仅有549起案件提交ICSID寻求调解或仲裁，相较于每年为数众多的投资纠纷而言，求助于ICSID的案件数还是很少，迄今为止中国企业也仅用了五次。有解决机制却没有使用，这说明现有机制还是存在很多缺陷的，其约束力和有效性有待进一步加强。当然，ICSID还是有一定作用的，毕竟“一带一路”沿线有51个国家都是缔约国，这在一定程度上有利于防范海外投资的政治风险。综合性的多边投资机制不是没有尝试过，只不过都没能实现，不管是MAI还是MFI，最终都无功而返。另外，贸发会议也做过一些努力，如《世界投资报告》里提及的建立新一代投资政策框架，为可持续发展目标投资的行动计划等，但都仅是倡议而无实际约束力。其他的国际协定，有的虽然通过了但没有约束力，如国际商会的《关于外国投资的公正待遇的国际守则》、OECD的《国际投资和多国企业宣言》等；有的则没有获得通过，如联合国的《跨国公司行为守则（草案）》等。总结起来，多边层面面临机制缺失的尴尬局面，仅有零星几个协定可以使用，但作用相当有限。“一带一路”的投资合作需要一个综合性的多边投资规则，以提供最基础的、具有普遍约束力和最大公信度的规则性保障。

（二）区域层面规则机制

区域层面的投资协定包括两类，一类是专门针对直接投资的区域性协定，如《亚太贸易协定之投资协议》(APTA Investment，签约国包括中国、孟加拉国、老挝和斯里兰卡等沿线国家)，《中国—东盟自由贸易区投资协议》等；另一类是内容涉及直接投资的贸易协定，如《中国—新加坡自贸协定》《中国—巴基斯坦自贸协定》等。“一带一路”沿线国家也进行了一些有益的尝试，如亚投行，跟世界银行、亚行相比，亚投行更加廉洁高效，而且本着互利共赢的原则，对投资项目以及投资东道国不会附加苛刻的政治条件，可以说亚投行的很多原则及举措正在不断推动金融性开发机构的改革，对原来的金融投资合作机制也是一种冲击，给域内的投资合作注入了改革的动力。

总结起来，区域层面的投资协定或机制面临两大挑战：一是规则重构，如何结合“一带一路”的实际需求跟国际新规则进行对接，达成高标准的投资协定；二是有待落实，如何让亚投行真正发挥作用，让互利共赢的投资项目尽快落地。

（三）双边层面规则机制

双边层面的合作机制包括BIT和避免双重征税协定（DTT）。BIT是目前最重要也是最有效的投资合作机制，中国已与"一带一路"沿线的56个国家签署了BIT。DTT则有助于减轻海外投资企业的税收负担，中国已与"一带一路"沿线的53个国家签署了DTT。

在目前多边机制缺失、区域规则重构的大背景下，BIT是中国推进"一带一路"过程中可以依靠的最有效的投资规则，但中国与沿线国家所签署的BIT也存在一些问题。首先，大多签署于20世纪90年代，版本内容陈旧，无法跟上新形势的需要。BIT签署年代久远，而当时中国的直接投资才刚刚起步，中国的利益诉求并不那么强烈，因此可以想象，当时签署的BIT其象征意义大于实际作用。更有甚者，中国与文莱、约旦等国签署的协定根本就没有生效。中国与沿线国家签署的BIT，大多仅停留在保护外来投资的层面，一是保护程度普遍不高，二是较少涉及投资自由化和投资便利化的内容，三是没有一个协定采用了准入前国民待遇加负面清单的管理模式。其次，适用范围窄，且费时费力。BIT顾名思义仅适用于双边投资，而与这么多国家都签署协定势必要耗费大量的人力物力财力，更何况现如今BIT面临重新签订的问题，未来的谈判成本可能会成为一种负担。再次，内容重叠冲突，容易造成管理混乱。签约国为数众多、BIT数量庞大、协定内容错综复杂，这容易导致"意大利面条碗效应"，给投资监管和国际协调带来麻烦，也难以给海外投资企业提供稳定统一的政策信号，不利于用标准化的途径解决国际投资纠纷。最后，中国与阿富汗、伊拉克、尼泊尔、东帝汶等动荡国家依然没有签署BIT，中国企业的海外投资利益无法得到保障。总之，双边层面BIT是现阶段推进"一带一路"投资合作的有力保障，但鉴于协定范本和投资议题都过于陈旧，BIT面临版本升级、重新签订的迫切需求。

（四）投资保护机制

1. 加强和完善"一带一路"投资的双边条约建设

促进和保护海外直接投资，仅靠投资母国或投资东道国的国内立法还是远远不够的，因为海外投资具有跨国性，不仅涉及海外私人投资者与投资东道国之间的关系，而且还涉及投资母国与投资东道国之间的关系。资本输出国为了鼓励与保护本国的海外投资，往往需要借助双边投资保护协定，以保证其国内的海外投资立法的效力和作用。而资本输入国为了吸引外资，在国内创造良好的投资环境，尤其是法制环境，保证外国投资者投资的安全和利益，也必须借助到国家间的双边投资协定。

2. 加强“一带一路”投资的多边条约建设

充分借鉴《多边投资担保机构公约》等条约。比如按照国际惯例，某些行业的海外投资项目可能没有投资担保机构可供利用；例如海外能源开发、矿藏采掘等，因工程庞大、投资数额巨大，可能需要联合其他投资者，包括国籍不同的投资者一起才能完成，而国内的担保机构可能因其国籍复杂而不予承保，私人投资担保机构因财力有限则更是难以承担。

3. 重点修订或重订双边税收协定

在签订双边税收协定时，应该由侧重税收来源地管辖原则转向税收来源地管辖和税收居民管辖并重的原则。与“一带一路”沿线各国进行税收协定的修订性谈判，对原有的双边税收协定进行修订或重订，从而更好地为“一带一路”倡议提供支持和保障。

4. 加强税收情报交换制度

税收情报交换是指税收协定的缔约国的主管当局为了正确执行税收协定及其所涉及税种的国内法而相互交换所需信息的行为。这是缔约国对所掌握或者收集的情报进行交换的一种税务行政合作方式，被双边或多边税收协定广泛采用。税收情报交换制度的建立可以使各国的税务机关同时掌握纳税人在本国和国外的涉税信息。“一带一路”沿线各国之间可建立税收情报网络，将沿线各国税收政策、税收征管等信息汇总收集起来并实现共享，便于各级涉外税务部门及时、全面、准确地掌握纳税人的生产经营和纳税状况。

第五章 CHAPTER

“一带一路”金融规则的制定

“一带一路”金融规则的制定面临着诸多挑战。深化与沿线国家金融机构的务实合作，构建“一带一路”倡议的金融支持体系，加强和完善各国金融政策的沟通与协调机制，积极推进人民币国际化等构成“一带一路”各国参与国际金融规则重构的重要途径。

第一节　国际金融规则的现状

一、国际金融规则及其分类

国际金融规则指国际金融领域有关参与方共同遵守的行为规范，反映了国际金融领域的共同要求以及规则制定主导方和参与方（主要是主导方）的利益诉求。国际金融规则的制定和遵从反映了国际金融格局的需要，既定的规则体系制约着既有国际金融格局的作用并影响着国际金融格局的走向，因此对于国际金融格局也有着重要影响。谁掌握着或主导着国际金融规则的制订，谁就能影响国际金融格局向有利于己的方向变动或维护既定的有利于己的国际金融格局。一般意义上的国际金融规则主要有两种，一种是官方规则，另一种是不具有法定约束力但为各成员共同接受的半官方规则。

（一）官方规则

官方规则是指多边政府间协定以及根据政府间协定建立的国际组织制订的规则，例如1944年的《布雷顿森林体系协定》（即《国际货币基金组织协定》）和1976年的《牙买加协定》（即修订的《国际货币基金组织协定》），以及IMF关于成员汇率监督的决定（包括1977年出台的《关于汇率政策监督的决定》和2007年出台的《对成员政策双边监督的决定》），WTO出台的有关金融服务市场跨国准入的一系列规定。制订和执行国际货币体系规则的目的在于维护现有国际货币体系的稳定，客观上维护主要国际货币的地位。1944年建立的布雷顿森林体系确立了美元的国际地位，1971年布雷顿森林体系解体，1976年的牙买加协定巩固了美元的储备货币地位，尤其是美国与沙特签订的关于石油美元的协议保证了这一点，同时，也认可了其他金融发达国家（地区）的居于美元之下的国际货币的地位。IMF1977年出台的关于汇率监督的决议以及2007年出台的关于汇率监督的新决议，客观上有利于美国执行其汇率政策。IMF的第八条款磋商、第四条款磋商主要针对发展中国家进行。另外，一些区域一体化组织也出台适用于本区域的规则。

（二）半官方规则

由有关国家地区金融主管部门参加的不具有法定管辖权的国际组织，如1974年成立的巴塞尔银行监管委员会（BCBS）、1983年成立的国际证监会组织（IOSCO）、1994年成立的国际保险监督官协会（IAIS）先后出台的系列监管指南，虽然不具有法定约束力，但因其权威性和前瞻性而为行业普遍认可，成为各国（地区）共同采纳的标准，有的国家（地区）按照这些组织出台的监管指南的精神制定自己的监管标准，有的国家直接以国内立法的形式赋予其法律效力。

1. 巴塞尔银行监管委员会[①]出台了一系列关于银行监管的标准和规则

巴塞尔银行监管委员会1975年9月出台《对银行国外机构的监管报告》；1988年7月出台《关于统一国际银行资本衡量和资本标准的协议》（现被称为巴塞尔协议I）；2004年6月出台《资本计量和资本标准的国际协议：修订框架》（现被称为巴塞尔协议Ⅱ）；以2010年7月出台的《监管理事会就巴塞尔委员会针对资本和流动性的一系列改革达成共识》和2010年9月出台的《监管理事会宣布更高的全球最低资本标准》为代表，推出了巴塞尔协议Ⅲ。巴塞尔协议Ⅰ以资本约束风险资产总量，为全球银行业确定了一个资本最低要求的标准。1988年巴塞尔协议I出台以后，日资银行资本量普遍达不到要求，不得不收缩资产尤其是海外资产，日本经济泡沫破灭使日资银行积累了大量不良资产，更是导致日资银行资本不足。巴塞尔协议II克服了巴塞尔协议I只考虑信用风险而且风险度量比较机械的缺陷，在资本充足率计量中同时考虑市场风险和操作风险，在风险计量方面给商业银行标准法或内部评级法之选择，并将外部监管和市场约束与资本最低要求一起构成银行监管的三个支柱。巴塞尔协议Ⅲ进一步改进了实践中暴露出的缺陷，提高了资本质量要求，并提高了资本充足率要求，强调了宏观

① 巴塞尔银行监管委员会（Basel Committee on Banking Supervision）简称巴塞尔委员会，原称银行法规与监管事务委员会，是由美国、英国、法国、德国、意大利、日本、荷兰、加拿大、比利时、瑞典十大工业国的中央银行于1974年底共同成立的，作为国际清算银行的一个正式机构，以各国中央银行官员和银行监管当局为代表，总部在瑞士的巴塞尔。每年定期集会四次，并拥有近30个技术机构，执行每年集会所订目标或计划。

审慎监管的原则，建立逆周期资本缓冲，加强了流动性要求。巴塞尔委员会1997年9月出台了《有效银行监管核心原则》，2006又出台了新版《有效银行监管核心原则》，对银行监管的主要方面作出了原则性规定。

2. 国际证监会组织（IOSCO）[①]和国际保险监督官协会（IAIS）出台有关规定

1998年IOSCO出台了《证券监管的目标与原则》；2002年出台了《关于磋商、合作和信息交流多边谅解备忘录》，旨在促进跨境监管合作和信息交流；2003年出台了《关于执行IOSCO〈证券监管的目标与原则〉的评估方法》，该目标与原则已经被称为国际证券监管的基准。IAIS2002年10月出台了《保险监管目标和原则》，目的在于统一全球保险监管规则；2010年6月出台了《国际保险集团监管共同框架》，为各国当局对保险集团进行结构、业务、内部交易、整体风险和全部活动进行定性和定量评估提供了一个共同框架。

3. 金融行动特别工作组（FATF）[②]出台有关规定

FATF1990年2月出台《关于反洗钱的40项建议》；2001年提出针对恐怖融资的8项建议，构成了关于反洗钱的《40+8项建议》；2004年又出台针对恐怖融资的第9项建议，形成关于反洗钱的《40+9项建议》。

（三）**市场规则**

如赤道原则，是由世界主要金融机构根据国际金融公司和世界银行的政策和指南建立的，旨在决定、评估和管理项目融资中的环境与社会风险而确定的金融行业基准。它广泛运用于国际融资实践，并发展成为行业惯例。

---

① 国际证监会组织（International Organization of Securities Commissions，简称IOSCO）也称证券委员会国际组织，是国际间各证券暨期货管理机构所组成的国际合作组织。总部设在西班牙马德里市，正式成立于1983年，其前身是成立于1974年的证监会美洲协会。中国证监会于1995年加入该组织，成为其正式会员。现有193个会员机构，其中包括110个正式会员（ordinary member），11个联系会员（associate member）和72个附属会员（affiliate member）。

② 金融行动特别工作组（Financial Action Task Force on Money Laundering，简称FATF）是西方七国为专门研究洗钱的危害、预防洗钱并协调反洗钱国际行动而于1989年在巴黎成立的政府间国际组织，是目前世界上最具影响力的国际反洗钱和反恐融资领域最具权威性的国际组织之一。其成员遍布各大洲主要金融中心。其制定的反洗钱40项建议和反恐融资9项特别建议（简称 FATF 40+9项建议），是世界上反洗钱和反恐融资的最权威文件。截至2005年2月，该组织已拥有33个成员以及20多名观察员。

其他的国际金融规则还包括国际惯例等，如由国际性行业协会制订，大多为业务标准，为国际金融界所共同遵守。

二、金融危机暴露出国际金融规则的缺陷

（一）美元体制责任非对称性

美国由于贸易持续逆差，需要对外支付巨额的美元资金，这对于掌握“美元”印钞权的美国政府来说并不是难题，然而由于美元的无节制发行，必然出现美元流动性泛滥和贬值，直接损害从贸易顺差中获得美元的出口国的利益。与此同时，众多的美元持有国为了减少遭受美元贬值的损害，往往将美元储备用于购买美国国债，从而形成大量美元的回流和美国的巨额对外负债。然而，美国并没有通过回笼美元货币维持美元价值的稳定，而是实行宽松的货币政策，将回流的美元通过银行的信贷系统投入市场再循环，从而增加了美元在国内的流动性和增强了美国居民的对外支付能力，使美国居民得以尽情享受负债消费的乐趣。但是，这种以美元为本位的国际货币体制，实际上为国际金融危机的发生埋下了难以克服的隐患。从表面上看，2008年国际金融危机似乎是因美国的次级贷款资产证券化等金融创新所造成的，然而，细析危机的根源则不难发现，此次国际金融危机实是美国利用国际货币体制的缺陷，通过宽松的货币政策，制造流动性过剩和货币贬值，支撑美国虚拟经济的繁荣，并将相应的货币金融风险通过资本市场转嫁给遍布全球的投资者的过程。由此也表明一个事实，将国际货币秩序的稳定寄托在单一主权国家货币之上是相当危险的，理由在于这样的国际货币体制极其容易被货币发行国所操纵，成为其攫取世界财富、牟取私利的便捷工具。这也是国际货币体制脆弱性的一个重要表现。

（二）国际金融监管滞后

金融创新和资本流动推动了全球金融市场的一体化，资金在各国金融市场上流动，促进资源在全球范围内的配置，但我们并没有建立起一个全球统一的监管机构和监管标准。资金在全球金融市场流动的同时，金融风险也同时并存，一旦一国出现金融动荡，金融风险会通过金融市场的资金流动迅速地传递到其他国家。由于国际货币协调的地位的不对称，发展中

国家相对处于劣势。发达国家资本的货币扩张和货币贬值，导致全球流动性过剩，资本流入发展中国家，对发展中国家货币产生很大的冲击，导致这些国家的汇率发生大幅度波动，一旦投机资本获利回流，就会导致这些发展中国家承受巨大的损失。因此各国如何合作加强金融监管和风险防范是当今国际社会面临的又一个重要问题。

（三）国际金融救援能力不足

国际货币体制脆弱性的另一个重要表现是IMF对危机救援能力的不足及决策机制的不公平和不合理，而这两者有时是紧密联系的。IMF对危机救援能力不足的表现之一是其信贷能力的不足。在2009年达成扩充"新借款安排"之前，IMF的信贷总额约为2500亿美元，这一信贷额在发生区域性乃至全球性的金融危机的情况下，可谓杯水车薪，如在东南亚金融危机爆发后，IMF在向泰国、印度尼西亚和韩国分别提供172亿美元、400亿美元和210亿美元的紧急贷款后，其可提供的信贷额已降到310亿美元；在2008年国际金融危机中，冰岛实际上陷入国家破产状，即使在如此严峻形势下，也只能从IMF申请到21亿美元的贷款，而冰岛的对外负债则高达1383亿美元。IMF救援能力不足的另一表现是对危机救援的不及时和救援条件的苛刻或不适当。无论在东南亚金融危机还是2008年由美国次债危机所引发的全球性金融危机中，IMF的救援不及时和救援条件与受援国具体国情不相符都在一定程度上造成危机受害国损失的进一步扩大。实际上，在长期的实践中，IMF对金融危机救援的行动迟缓、条件苛刻或不切实际都是众所周知和无需讳言的事实，甚至有专家指出，"IMF的援助条件往往是，受援者危机越重，援助条件越苛刻"，也因此造成受援国未能得到及时、有效的救援，甚至出现受援国经济的进一步衰退。

（四）国际金融决策机制不公平

国际金融救援的不及时往往与众多发展中国家在IMF中缺乏发言权和决策权是密不可分的。IMF的加权表决制是历来受到发展中国家普遍诟病的不公平表决机制，由于美国拥有17%的投票权，德、法、英、日也都拥有超过5%的投票权，因此加权表决制实际上赋予了美国等少数发达国家联合否决权甚至单独否决权。具体到危机救援决定的作出问题上，美国等发达国家在决定是否赞成向请求国提供救援时，必然从自身的利益考虑，包括这一救援行动是否有助于本国对外贸易的发展和外交势力的巩固和扩张，以及是否有利于本国金融机构在该被救援国拓展市场等。

（五）国际金融保护机制不完备

规则始终贯彻着规则制定者的意志，保护着规则制定者的利益，国际金融规则的创设和演进不可避免地带有规则制定者的利益诉求色彩。例如，“9·11”事件发生后，美国利用国际上普遍接受的反洗钱制度配合反恐，并且要求各相关国家配合，这是利用国际金融规则谋求个别国家利益的一个典型案例。美国会计准则与国际会计准则是两套并行的规则体系，美国一直对国际会计准则采取不理睬的态度，但近年来美国态度发生了变化，两套会计准则出现趋同的趋势。为什么美国态度前后截然不同呢？这是因为，美国对其前身国际会计准则委员会没有发言权，该机构传统上由欧洲主导，而国际会计准则理事会成立后，美国占据了多数席位，取得了主发言人的地位，因而对国际会计准则的态度发生了变化。美国吸取了安然事件的教训，实行目标导向的会计准则理念，也就在相当程度上向以原则为基础的准则理念靠拢，同时，受美国影响改组而成的国际会计准则理事会在治理结构、规则制订程序上都参照了美式做法，奠定了良好基础。巴塞尔协议II最终于2004年出台，但作为国际金融领域主要大国的美国出于保护自身大银行利益考虑，迟至2009年才在本国实施巴塞尔协议II（此时美国次贷危机已经爆发并演变成具有全球性影响的国际金融危机）。巴塞尔协议III本身也是一个妥协的产物。在制订巴塞尔协议III的有关文件的会议上，受本轮危机冲击较小的中国、印度、沙特、新加坡、中国香港提出了较高的要求，而受危机冲击较大的美英则相对低调但态度也比较积极，德国、法国、日本以及欧洲一些小国认为要求可以低一点。所以，整体框架是妥协的产物。例如最低普通股资本比率，中国最初提出定为5%，德国提出定为4%并得到日本和法国的响应，后来达成妥协定在4.5%。

三、金融危机后金融规则的变化

现行国际货币体制受制于少数发达国家的脆弱性和不合理性已暴露无

遗，如果不能克服国际货币体制的固有弊端，国际货币秩序的不稳定乃至国际金融危机的再次爆发都将是不可避免的。围绕防范与救助国际金融危机的国际金融制度正在形成。

（一）改革国际货币体制

为了改变事实上的美元本位制，国际社会已提出多种改革现行国际货币体制的方案，其中呼声高的莫过于通过改造特别提款权（SDR），使之成为代替美元地位的本位货币。改造的方案主要集中在两个方面，其一是增加SDR篮子中的货币种类，即在现有四种货币的基础上，增加包括人民币在内的新兴发展中国家的货币，使SDR篮子中的货币元素更具广泛代表性。其二是扩大SDR的使用范围。SDR自1969年创设时起，其使用范围就主要集中在IMF成员之间及IMF与成员之间债权债务的清算，在其他领域的使用基本上停留于计价和定值的功能。如果要使SDR能够替代美元成为本位货币，上述有限的使用范围显然无法胜任。因此，进一步拓宽SDR的使用范围，尤其是推进SDR的现实货币化，应是促成其替代美元成为本位货币的首要环节。然而，在目前世界经济体制多元化、各国对SDR并未形成一致认同的背景下，要使SDR成为本位货币的构想转化为现实，可能需要一个漫长的过程。因此，更直接和现实可行的变革美元本位制的方案应是通过在国际贸易和国际投资中的货币多元化，实现各国外汇储备的多元化，包括通过扩大人民币在国际结算中的使用范围，逐渐实现人民币的国际化，使人民币逐渐成为多元化货币的一员，从而逐渐改变美元的垄断地位，摆脱国际清算和国际储备受制于美元单一货币的被动局面，从根本上消除单一货币本位制的固有弊端，并杜绝货币发行国政府利用该制度弊端制造货币金融危机和向全球转嫁危机的制度根源。

（二）扩大发展中国家的发言权

只有扩大发展中国家的话语权，才能扭转国际金融危机的防范和救援受制于少数发达国家的被动局面，使国际金融秩序的稳定具有良好的制度保障。作为政府间国际组织，真正体现国家主权平等的表决机制应是一国一票制，然而，由于历史的原因和现实的考量，要在IMF的决策环节推行如WTO的一国一票制显然时机尚未成熟。因此，在目前IMF仍不得不实行加权表决制的条件下，只能通过谋求扩大发展中国家发言权的途径来寻求对不公平决策机制的改革。细析加权表决制的内部构造可知，扩大发展中国家发言权的努力可以从以下两个方面获得突破。

1. 切实提高“基本票”在总投票权中的比重

在IMF现行投票表决机制中，各成员的投票权由基本票和加权票两部分组成，基本票是每个成员都平等拥有的250票，加权票则根据各成员认缴基金份额的多寡而各不相同，即每认缴10万美元（1969年改为10万SDR）基金份额即可获得1票加权票。在1944年布雷顿森林会议上签署《国际货币基金协定》的创始成员共有40个，按照上述投票权计算规则，各成员的合计基本票共10000票；而该40个成员的认缴份额约75亿美元，按照上述计算规则，各成员的合计加权票共75000票；即基本票占总票数不到12%，而加权票则占总票数超过88%。由于基本票自IMF建制以来从未进行任何调整，按照IMF现有的186个成员计算，其基本票总数为46500票；而加权票则随着基金份额的扩充而不断增加，截至2009年8月，IMF的基金总份额已达2174亿SDR（约3250亿美元），折合加权票共2174000票，即基本票占总投票权的比重已下降到2.1%，这一比重与作为政府间国际组织应遵守的“国家主权平等原则”是多么的不相称。因此，如果说目前IMF尚未具备实行一成员一票制的条件，那么大幅提高基本票的比重应是发展中国家首先共同努力争取的目标，以使占IMF成员绝大多数的发展中国家得以在基本票方面获得相对的比较优势。

2. 大幅度提高发展中国家在基金组织的认缴份额

由于占总投票权绝大部分的加权票的分配系按照各成员在基金组织的认缴份额计算而来，因此，扩大发展中国家发言权的另一途径必然是大幅提高发展中国家在基金组织的认缴份额。虽然在2009年9月“20国集团”匹兹堡峰会上，已通过《领导人声明》确认提高发展中国家5%的IMF认缴份额，但这一声明还需等待IMF的终表决通过后方可执行。而且即使该认缴份额的改变在IMF获得通过，向发展中国家让渡5%投票权也未能从根本上改变美国独霸IMF决策权的格局。因此，发展中国家在IMF中争取平权的努力还任重而道远。只有大幅提高发展中国家在IMF中的投票权，才可能进而谋求从根本上改变IMF在防范和救援国际金融危机过程中对发展中国家的不公平待遇和有意刁难。

（三）扩大IMF的信贷能力

屡次对金融危机救援的不充分、不及时，已显露出IMF信贷能力不足的严重弊端。为了填补IMF的信贷能力，除了通过调整增加各成员的认缴份额，在2008年国际金融危机蔓延全球后的2009年4月，IMF还与以“20国集团”为中心的成员达成扩大“新借款安排”额度的协议，使该安排的总额度达到5000亿美元，而在2009年11月“金砖四国”加入后，该安排的总额度又增加到6000亿美元。这一举措，必然使IMF的信贷能力获得大幅度的提升。而且与成员从IMF普通账户中获得普通贷款所应遵守的苛刻条件相比，从“新借款安排”中获得贷款的条件显然要宽松和灵活得多，在救援的及时性方面也更有保障。与此同时，IMF还于2009年4月通过决议增发已中断了30年的SDR（在此之前分别于1970和1979年发行约215亿SDR），此次决定增发的SDR金额达2500亿美元，这将使各成员尤其是发展中国家获得一项额外的流动性资金以应付随时可能发生的国内财政困难乃至金融危机。IMF这一系列措施的出台，显然切实增强了IMF自身及其成员对国际金融危机的救援和防治能力，同时也让更多的国家从正在如火如荼进行中的国际货币体制改革中看到新的希望。然而，由于IMF成员对基金组织资源的利用直接受制于其认缴基金份额的多寡，因此发展中国家在以认缴份额决定成员发言权和利益分享权的现体制下注定始终无法摆脱其不利地位。因此，改革现行国际货币体制，使其真正体现成员之间的公平互利，并切实有利于国际货币金融秩序的恒久稳定，发展中国家仍然任重而道远。

（四）新兴市场更多地参与国际金融规则的制订

随着新兴市场和其他发展中国家对国际金融领域的参与越来越深，国际机构制订各种监管规则越来越离不开新兴市场和其他发展中国家的参与。金融稳定理事会、IMF、巴塞尔委员会、IOSCO、国际保险监督官协会等官方和半官方国际组织需要新兴市场和发展中国家更多地实质性地参与，所制订的规则要着眼于全球金融业共同发展、共同繁荣和共同防范风险的需要，不但要考虑发达国家的需要，也要考虑新兴市场和发展中国家的需要。因此，未来国际机构制订的国际金融规则的适应范围将更宽，通用性将更强，体系上将趋于完整，技术上将趋于完善，并将更具有前瞻性。

（五）国际货币体系实现对发达国家监督

2008年金融危机暴露了个别发达国家货币主导的国际货币体系的缺陷，国际货币体系正在进一步向多元化方向演进，新兴市场经济体货币的国际地位在上升，个别新兴市场经济体货币成为主要国际货币之一的可能性正在出现，未来可能会出现主要发达国家货币和主要新兴市场货币共同支撑国际货币体系的局面。未来IMF的改革应充分考虑经济格局变化和储备货币多元化的需要，进一步提升新兴市场经济体的份额和发言权，促进国际货币体系进一步多元化，进而实现在多元化基础上的均衡，实现规则制订的均衡以及对发展中国家监督和对发达国家监督的均衡。目前国际机构如IMF对发达国家的监督不够，监督主要是针对发展中国家的，其对有问题、有困难的发达国家的救助缺乏足够资金实力，对发展中国家的救助往往附加苛刻条件，导致主要储备货币发行不受约束，发达国家风险得不到及时揭示和控制，个别发达国家债台高筑，最终酿成全球性金融危机的局面。IMF应进一步推动治理机构改革，主要发达国家应进一步向新兴市场转移份额，改变目前发达国家占份额50%以上、个别主要发达国家握有一票否决权的不合理现实，解决对发达国家尤其是主要发达国家监督虚化的问题。

（六）金融监管的标准趋同化和协调性加强

金融机构跨国经营活动的大量增加客观上需要跨国监管，那么是否会出现超主权的监管者呢？目前的监管还是以主权国家为基础，国际机构制订的标准和规则只是为主权国家所参考，只不过大多数国家和地区都接受了，而在大多数国家和地区都接受共同规则的情况下，不接受者的金融机构将难以在国际市场上活动。除IMF对成员具有监督权外，三个权威的国际监管机构都是规则制订机构，都不具有实质性的监管权力。随着跨国金融活动的增多和影响的扩大，跨国金融机构对全球金融稳定的影响越来越大，金融监管协调的重要性也日益上升。但在金融监管协调中，如何合理分配母国和东道国的监管权（目前以母国为主的并表监管模式客观上有利于发达国家，因为多数重要跨国金融机构母国都是发达国家）？对大型跨国金融集团的监管如何解决技术上的难题？是否需要一个超国家的监管者负责对具有全球重要性的跨国金融集团进行监管？这些都是实践中碰到的迫切需要给予回答的问题。欧盟实现了欧元区的货币一体化之后，正在实行金融监管标准一体化，但监管的执行权仍然主要保留在各个成员内，未来欧盟层面的监管者有不断实体化（逐渐增加在市场准入、检查、处罚、市场退出等方面的实质性监管权力）的趋势。全球范围内，在金融稳定理事会框架下，已经成立了针对30个大型跨国金融集团的监管组，现阶段也只是实现信息共享，尚难以做到实体化，也即做不到对大型跨国金融集团行使业务管制、检查、处罚、市场退出等方面的权力。超国家监管者的生存需要解决两个问题：一方面是权力来源问题，有关各国（地区）一致授权或通过国际会议授权某一机构具有超国家主权的实质性监管权；另一方面还要解决该机构处置有问题金融机构所需的资金来源，近期解决这两个问题具有相当大的难度。但不管会否出现全球性实体化监管机构，金融监管的跨国协调将不断增强，监管协调的多边化将较双边化更加重要，相对于双边协定而言，多边协定的重要性将上升。金融监管跨国协调机构的实体化可能是一个趋势，金融稳定理事会经实体化后可发展成国际金融监管跨国协调的实体机构。国际社会还将吸取近几次国际金融危机的教训，充分发挥现有国际金融组织和各种协调机制的作用，切实加强全球性风险预警和危机预警，逐步建立全球性危机反应和应对机制。

（七）国际惯例的通用性将增强，非官方组织与官方组织、半官方组织加强合作

国际惯例的通用性将增强，单边规则将逐渐向多边规则靠拢。例如，2008年金融危机发生后，国际会计准则理事会和美国会计准则委员会都在对各自的会计准则进行修改，主要是对金融工具确认和计量准则、衍生工具确认和计量准则、套期业务确认和计量准则、公允价值计量准则、公允价值披露准则等分别进行修订。随着全球金融市场的一体化不断发展，会计准则趋同是一个趋势，在美国取得国际会计准则主发言人地位的情况下，两套会计准则趋同的阻力显著变小，美国公认会计准则对国际会计准则的影响也相应增大。非官方组织由于其与业者联系紧密，熟悉具体业务，因此在制订业务规范方面将进一步发挥作用，非官方组织在制订规则方面将进一步加强与官方组织、半官方组织的协调和合作。

（八）单边规则的制订仍注重提高本国（地）的竞争优势

金融中心所在国（地）制订的规则，一要保证本国（地）金融业的健康平稳发展；二要吸引全球金融交易（例如英国1986年出台大爆炸式金融改革措施，美国2000年出台金融服务现代化法案等，都服务于这个目的）；三要保持和维护本国金融机构、金融关联服务机构的国际竞争力，以市场准入的技术门槛和非技术性门槛（如母国监管水平等难以精确度量的标准，同一控股公司不得有两家子公司同时设立商业存在，对主权投资基金的活动进行限制等）限制潜在外来竞争者的进入。未来主要金融中心所在国（地）制订规则仍然将要考虑以上因素，但由于金融全球化的不断发展，各国金融业的相互依存会增加，在制订规则时将会更加重视国际协调。

（九）其他规则变革

除了谋求对以《国际货币基金协定》和IMF为核心的现行国际货币体制的改革，国际社会还应注重寻求多渠道的稳定国际货币金融秩序平台的构建和强化。如对于在银行监管领域成效显著的巴塞尔委员会，有必要对其进行合理的改造，如拓展其成员范围，使其涵盖包括主要新兴发展中国家在内的其他成员，从而使其所制定和发布的强化银行监管的标准和协议具有更广泛的约束范围。再如1999年成立的金融稳定论坛（现为金融稳定理事会），自其设立之后，针对亚洲金融危机中暴露出来的国际金融监管漏洞，提出了强化巴塞尔新资本协议监管标准（如提高再证券化资产的风险权重、改善银行的资本结构等）、加强跨国金融危机合作防范与监管等与国际金融危机防范有关的诸多举措。2008年全球性国际金融危机爆发后，国际金融体制及其相应的国际金融市场运行机制所存在的不稳定性进一步引起国际社会的共同关注，于是金融稳定论坛在2009年拓展了其成员的范围后更名为金融稳定理事会，使其成员更具全球代表性，以期在防范国际金融危机方面发挥更全面和具体的作用。尽管这些机构所发布的文件不具有国际条约性质的约束效力，但由于其成员的广泛代表性及其在IMF等政府间国际货币金融组织中所具有的强大影响力，其所提出的各种国际金融风险防范措施对于从制度的层面构建防范国际金融危机的长效机制必将具有积极的推动作用。

尽管影响国际货币金融秩序稳定的因素林林总总，但决定国际货币金融秩序走向和稳定的关键因素必然是公平、稳健的国际货币金融体制的构建。而现行国际货币金融体制所存在的诸多弊端是有目共睹的，若未能加以彻底革除，恐难杜绝国际货币金融危机的再度现世，国际货币金融秩序的稳定将因此缺乏长效机制的保障。正如前文所述，以美元为本位货币的国际货币制度，助长了美元垄断性的霸权地位，为美国损人利己的货币政策的推行创造了有利的条件，尤其是在许多国家仍以美元为主要国际储备货币及大量持有美国政府债券的现实背景下。由于美国长期实行美元贬值政策，以美元为主要国际储备货币或大量持有美国政府债券的国家（其中大多为新兴的发展中国家），即使没有2008年国际金融危机的影响，也是注定要遭受巨额损失的。何况美国大量发行美元所引发的通货膨胀实际上就是推动美国房地产市场泡沫的形成以及后来美国次债危机爆发和蔓延的不容忽视的原因之一。与此同时，国际货币金融危机的防治也离不开IMF公平的决策机制和及时、有效的救援行动。因此，推进稳定国际货币秩序的一篮子货币和多元化货币本位制的形成，在增强IMF信贷能力的同时扩大发展中国家的话语权和决策权，形成对各成员共同有利的运行机制，都是改革现行国际货币体制的当务之急。

四、中国与国际金融规则的重构

中国在国际金融规则的重构中面临角色演进的挑战。

（一）朝向建设者转型的挑战

无论是中国在原有的国际金融机构中努力谋求角色转型（即希望从一个普通参与者到积极的推动者），还是中国需要在金砖银行后续的运行中巩固其推动者的角色，都面临着诸多挑战，其中最主要的挑战是与核心国家之间的合作协调问题。

首先，IMF、世界银行为组织核心的原有的国际金融体系仍然是目前国际金融体系的核心部分，在稳定汇率、促进国家发展、国际金融治理中发挥着主要作用。尽管中国推动和倡导了新的国际金融机构的建立，但是中国没有也无意退出原有的国际金融机构，而且试图继续努力提升其角色，从一个追随者成为更为核心的建设者。过去，中国的权利要求和改革呼吁受到了以美国为首的西方大国的阻碍和限制，但最近一段时间以来，中国在既有国际机构中的地位和权利已然有所提升，这既是中国经济实力和国际影响力的客观反映，也体现了既有机构中的主导国家已在逐渐正视中国要求的正当性、合理性。可以预见，中国在既有机构中的角色在未来还会进一步提升，但是否能顺利成为核心建设者，以及在成为核心建设者之后如何协调与美国、日本等原有领导者的关系又将成为新的挑战。鉴于美日等国在既有机构中的固有地位，中国的角色之提升必然会削弱他们在这些机构中的影响力，一定的利益冲突似乎不可避免。但中国与这些国家在国际金融合作的很多重要主题如汇率稳定、发展援助、建设融资等方面又存有重要的共同利益，因此彼此间竞争与合作并行，将是中国未来在既有机构中与美日互动的常态。简言之，怎样在争取更多权利的同时避免陷入“两败俱伤”式的囚徒困境则是中国在上述机构中所面临的最大困境。

其次，在金砖银行的建设与运行过程中，中国作为其重要的建设者，为金砖银行的有效运作提供了最关键的资源支持和实际运作贡献，但是，在金砖银行制定的章程中，中国又与其他国家在权利上居于“平等者”的地位。这种实际影响力和法定权利的落差可能会让中国在金砖银行的未来运作中承受一定的额外成本，也无法完全根据自己的实际贡献获取对议程与决策的应得影响力。不过，由于金砖银行还有着促进新兴大国之间合作的重要政治意义，中国必须谨慎处理好与其他成员之间的合作关系，不能因为上述落差的存在就放弃对金砖银行的必要支持。此外，近年来，俄罗斯、巴西、南非等国都遭遇到了经济放缓的困境，巴西国内政局还出现了较强的不确定性。在这种情况下，金砖银行在实际合作上必然更倚重于中国，而后者如何在办好亚投行的前提下，让金砖银行真正有效地运转起来，取得具有实效性，能够证明金砖银行的存续价值和创新意义的持续成果，可能还需要自身进一步的努力以及与其他国家展开更高水准的合作。

（二）**朝向领导者转型的挑战**

中国作为亚投行创建过程和制度设计的主要领导者，其在亚投行未来的运行中所面临的挑战主要有如下方面。

1. 运作效能问题

中国提出建立亚投行的初衷之一即是希望亚投行能够提高一个新的融资平台，促进亚洲各国的基础设施建设，进而促进亚洲经济的发展。中国希冀亚投行真正成为一个有着良好信誉和绩效的金融机构，真正成为原有国际金融机构体系的有益补充。中国在未来该如何承担领导责任，以促进亚投行达到预期目标，是其作为领导者所面临的挑战之一。

2. 抵御地缘政治风险冲击的问题

亚太地区局势纠缠复杂，一方面，域内成员不稳定的国内政治及国家间的一些领土纠纷和政治争端，尤其是一些成员如菲律宾、印度与中国在其他方面存在利益纠葛，可能会对亚投行的运作产生一定程度的负面影响。另一方面，由于近些年来中国经济的快速增长，使得“中国威胁论”在全球范围内滋生。亚投行作为在亚洲范围内极具影响的开发银行，在提升中国的亚洲影响力和国际话语权的同时肯定会受到以美国为代表的其他国家的阻碍，并与其他合作机构和合作机制产生竞争与掣肘，这些都势必影响亚投行的正常运作。如何在复杂局势中，维持亚投行的顺利运营，是作为领导者的中国所面临的又一挑战。

（三）**多重角色冲突的挑战**

中国在国际金融机构的建设中所扮演的角色具有多重性，不仅在不同的国际金融机构建设中扮演不同的角色，而且在同一个国际金融机构中也存在不同角色间的转型。因此，中国在其参与的国际合作中还面临着协调多重身份的挑战。例如，中国在亚行中的主动追随者的角色和其在亚投行中的领导者身份之间就有一定的冲突可能。

中国参与国际金融规则重构的路径主要有：

1. 在多边合作中扩大国际影响力

作为一个崛起中的世界性大国，中国必然将在国际舞台上发挥更大的影响力。但与过去某些大国崛起后，影响力之发挥主要体现为强化与其他大国或国家集团之间的对抗冲突或者展开单边主义的外交行动有所不同，中国国际影响力的扩展在金砖银行和亚投行的创建过程中引人注目地反映为，在多边主义的原则下促成富有建设性和创新性的国际多边合作，并在其中发挥关键性甚或主导性的作用。由此，崛起的中国便不会被其他国家简单武断地视为“竞争对手”或“潜在威胁”，而更可能被视为强大而友善的合作伙伴，中国国际影响力的逐步扩展之趋势也就更容易被他国认可和接受，从而真正有效地实现和平崛起。

2. 在利益共容处寻求合作突破口

国际多边合作对解决诸多国际问题虽十分重要，但经常因为合作者对相关议程和解决方案的分歧而迟滞不前或半途而废，例如当下国际气候合作便由于各国利益纠葛而处于上下两难之境地。比较而言，中国在国际金融领域推动建立新的合作机构及相关机制，却瞄准了世界各国在全球经济放缓之际都十分关注具有高度利益共容性的基础设施建设融资问题，广泛而迅速地激起了众多国家的合作兴趣和参与意向，并在协商和谈判过程较为顺利地达成了合作共识，完成了机制设计，随后不久便正式展开机构运作，由此节约了大量的交易成本和时间成本。中国在此过程中，也同样如愿实现了自身的战略意图，即在合作中扮演起更具建设性乃至领导性的核心角色，而合作主题的恰当选择，则是取得上述成功的关键。

3. 善用优势实为灵活策略

在目前的国际格局下，中国倡导和推动国际多边合作，势必受到自身综合实力仍不够强大和各单项实力发展不够平衡之限制。但中国却能有意识地扬长避短，借助迅速增强的经济实力、投资实力、基础设施建设能为和在以往参与双边及多边金融合作中积累起来的较高声誉，在自身具有相对优势的合作领域发挥核心推动作用，实现了从追随者到建设者乃至领导者的角色跃升。中国在推动创建金砖银行、亚投行的过程中，面对少数争议性问题，也采取积极而灵活的应对策略，既坚持自身的基本立场和核心利益，在可以让步的方面又主动作出较大幅度的让利妥协和可信承诺，让合作者切实感受到中国的合作诚意以及难以舍弃的合作价值。

4. 重视主题创新和功能互补

在国际金融机构及相关机制的创建方面，中国无疑是一个后来者，这就意味着中国在推动创建金融新机构时面临着如何处理与既有金融机构关系的问题。就此而言，中国并没有采取"取而代之"或"竞争抗衡"的激进态度与做法，而是采取了增量革新、互补合作的策略。一方面明确强调新金融机构旨在满足国际金融合作的增量需求和填补基础设施建设领域长期缺口的主题定位，以及与既有机构在促进国际金融合作和世界经济发展上的功能互补；另一方面也在积极寻求与既有金融机构的实践协作，例如由中国领导的亚投行正在与由日本实际主导的亚洲开发银行展开贷款项目上的融资协作，亚投行也正在就保障贷款项目的劳工、环境和反腐防护等流程咨询亚洲开发银行。上述态度与行动显然有助于降低新建金融机构和既有金融机构之间的摩擦阻力，也同时有利于中国通过推动增量改革，渐进但富有实效地改变既有的世界经济政治秩序。

第二节　国际金融规则的困境分析

一、金融危机后美元霸权依然存在

2007年美国次贷危机爆发后，国际社会进一步反思了美元本位制的稳定性。美元在全球经济中的作用是否弱化得到广泛的关注。自2008年全球金融危机爆发至2012年年末，美国共实行了四轮量化宽松货币政策（QE)。见下表。

美国四轮量化宽松货币政策的主要内容统计表

	时间	购买资产种类	规模	目的
QE1	2008.11.25–2010.4.28	机构债、MBS	1.725万亿美元	提供流动性
QE2	2010.11.4–2011.6	美国国债	0.6万亿美元	为政府解忧，同时美联储间接扩充准备金规模

续表

	时间	购买资产种类	规模	目的
QE3	2012.9.15–	MBS	400亿美元/月	给长期利率带来下行压力
QE4	2012.12.13–	美国国债	450亿美元/月（不包括QE3的每月400亿美元）	降低利率，刺激市场，复苏经济

资料来源：由作者根据相关资料整理而得。

美国的量化宽松货币政策确实在稳定国内房地产价格、补充金融市场流动性等方面起到了积极作用。但美国的量化宽松货币政策对危机中的全球经济又产生了怎样的影响？下图（图5-1）展示的是美国量化宽松货币政策实施期间世界主要国家货币供给量（M2）的增长情况。很明显，受美国量化宽松货币政策的影响，世界主要国家都增加了货币供给，但日本、法国和德国M2的增速较为温和，而巴西、中国和印度这三个新兴市场国家M2的增速则要远高于发达国家，且中国货币供给的变化与美国量化宽松货币政策的步调最为相似。

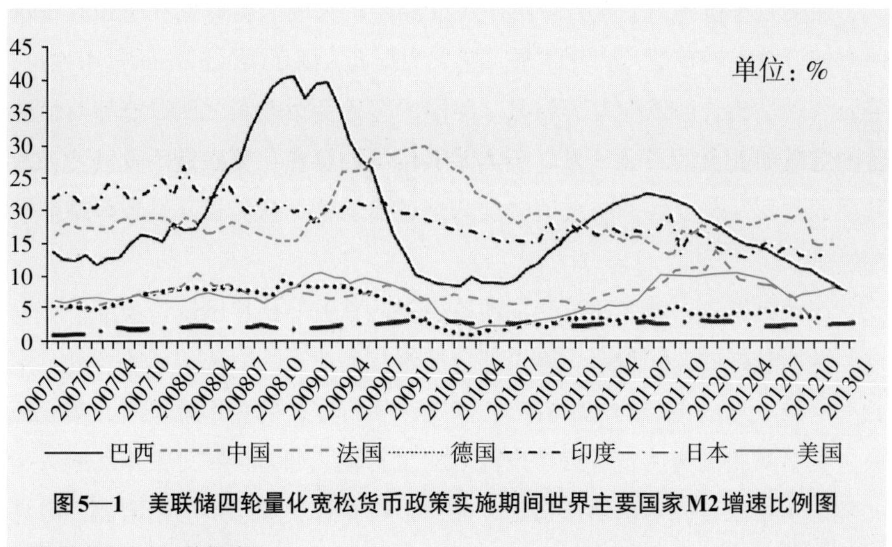

图5—1 美联储四轮量化宽松货币政策实施期间世界主要国家M2增速比例图

资料来源：EIU数据库。

美国次贷危机所引发的全球金融危机也给各国股票市场造成不同程度的冲击，全球股票市场指数全面下跌。在第一轮量化宽松货币政策开始后，各国股指呈现明显上升趋势，全球股票市场对随后美国的每轮量化宽松货币政策的反应都是相当积极正面的。由此，美国金融业在国际金融市场中的影响力可见一斑。

此外，受美国量化宽松货币政策影响的不仅有金融资产的价格，而且还有国际大宗商品的价格。国际大宗商品价格指数在美国的前三轮量化宽松货币政策期间的走势明显走高。每一轮量化宽松货币政策都会使美元走低，进而导致以美元标价的大宗商品价格大幅上涨。由此可以推断，虽然国际社会在全球金融危机爆发后对以美元为本位货币的国际货币体系颇有微词，但危机并没有撼动美元的国际计价货币地位。

可见，此次全球金融危机的爆发虽然引起国际社会各界对美元本位制的质疑，但是美元在全球经济中所拥有的巨大影响力依然存在，特别是在国际货币金融领域，美元对全球流动性和全球金融稳定的影响力有所提高。并且，在金融危机期间以及国际金融环境出现动荡的时刻，美元依然是国际社会最为值得依赖的资产。因此，美元在全球经济中的地位并未由于此次源于美国的全球金融危机而受到削弱。

在美元本位制下，美元供给不再受黄金的束缚，美联储在货币政策选择上的自由度较布雷顿森林体系时期大为提高。由于美元的国际货币地位，美元流动性的外溢效应尤其明显。美国的宽松货币政策之所以能够对世界各国造成如此大的影响，根源于美元本位制的存在。美联储的宽松货币政策会通过贸易与金融两个渠道向全球输送流动性，从而极易导致全球流动性过剩。

在贸易渠道，美国通过经常项目逆差向其贸易伙伴国输送美元，贸易顺差国所获得的美元盈余，除少部分滞留在商业银行形成美元头寸外，多数都经结汇形成央行的外汇资产。当美国实行宽松的货币政策时，美元贬值，贸易顺差国为使自身贸易条件不发生恶化，通常会在外汇市场购入美元卖出本币来维持本币币值稳定，而这必然导致其货币供应量增加，极易给国内经济带来通货膨胀压力，加速其经济的泡沫化。

在金融渠道，金融自由化进程的推进为美元金融资本向全球扩张提供了便利，美元流动性通过对外投资涌向投资接受国、国际大宗商品市场以及国际金融市场。美元流动性的涌入将推高国际大宗商品和金融资产的价格，在全球经济低迷时确实能够对经济复苏起到一定的作用；但更多的是在繁荣时期助推市场泡沫、加重投机气氛，为投资接受国和国际金融市场的安全性与稳定性带来隐忧。

在美元本位制下，无论是发达国家还是发展中国家，货币政策的自主性都会受到美国货币政策的干扰。例如，如果美国采取宽松的货币政策，其他发达国家为抵御可能发生的资本流入和货币升值，其货币供给通常也会被动扩张。在多数情况下，发展中国家应对美国的流动性外溢与发达国家稍有不同。同样是为了避免热钱流入和货币过度升值，发展中国家的央行通常会采取在买入外汇的同时增加基础货币投放的方式被动扩张货币供给。如此一来，发展中国家不仅要承受来自美国的流动性外溢，还要承受跟随美国直接增加货币供给的其他发达国家的流动性。换言之，发展中国家会最终成为全球流动性的蓄水池。因此，如果美国采取宽松的货币政策，其产生的蝴蝶效应会导致全球流动性的增加。

此外，在美元本位制下，由于美元的国际结算和计价货币地位，美国宽松货币政策所引致的全球流动性过剩不仅干扰了他国货币政策的自主性，而且还推动了国际大宗商品与资产价格的上涨。国际大宗商品价格的上涨会通过增加生产成本将影响传递至他国实体经济层面；而国际资产价格的上涨，尤其是金融资产价格的上涨会在经济繁荣时期增加金融市场的投机行为。

二、美元本位制在短期内仍可持续

（一）美元本位制的运行具有自我修复和稳定机制

在美元本位制运行的40年里，生产力终于摆脱了黄金对其100多年来的束缚而得到充分释放，全球经济进入高速发展阶段。虽然美元本位制没有金本位制那样硬性的自我稳定机制，但它毕竟经受住了石油危机、债务危机、金融危机等全球经济动荡的层层考验，从而延续至今。这是因为，美元本位制的运行有其自身特有的自我修复和稳定机制。

1. 国际储备货币供给调节机制

由于美元本位制下的国际储备货币供给不再受黄金存量的约束，美元的国际信用扩张便与国内货币供给混合在一起。这一点常常被用来指责主权货币本位因缺乏内在约束机制而导致国际货币体系的不稳定，也被用来指责美国的货币政策因着眼国内利益而向全球输出过剩流动性。这些都不无道理，但也必须承认，由于美国处于美元本位制的核心，美国经济的繁荣对拉升全球经济有着别国无法替代的积极作用，这一积极作用在美国爆发经济危机时体现得尤为明显。以2007年的次贷危机为例，美国的量化宽松货币政策为虚脱的国内金融市场提供了充足的流动性，以防止因流动性趋紧导致的消费需求进一步下降，美国国内消费的启稳在一定程度上使新兴市场国家经济幸免于全球金融危机的过度冲击。因此，虽然金本位制下的全球经济确实较为稳定，但一旦危机爆发，对金本位的盲目执着反而会使经济深陷危机泥淖而难以自拔；而缺少硬性约束的美元本位制，却可以在短时间内带领全球经济走向复苏。

2. 国际收支调节机制

在牙买加体系下，一国完全可以自主选择是采取浮动汇率制还是固定汇率制，因此，两种汇率制度下的国际收支调节手段都存在于现有的国际货币制度中，即通过价格、国民收入、利率和汇率的自动或政策调节来纠正国际收支失衡。但事实上，美元体制下的国家，即使汇率是可浮动的，也大多是钉住美元的。因此，绝大多数国家在利用汇率这一价格杠杆来调节外部失衡时，通常会感受到来自“中心国家”即美国的约束。美国的国际收支不平衡，其主要交易伙伴国的国际收支就难以实现平衡。而美国的国际收支调节机制又是什么呢？自20世纪80年代初以来，美国便一直秉持着“贸易收支应是跨期均衡的动态平衡”理念，对调节贸易收支长期赤字采取消极态度。随着美国金融比较优势的增强，估值效应对美国国际收支的调节作用越来越明显。根据Gourinchas和Rey（2005）的研究，从1973年到2004年，美国的估值效应一直为正，并总计抵消了31%的美国国际收支逆差。因此，美国的金融优势越明显，资本账户下的对外资产和对外负债规模就越大，那么估值效应所导致的资本损益规模就越大，对美国的国际收支失衡的校正效果也就越明显。

3. 国家之间利益关联强化机制

美元本位制之所以能够被世界各国所接受并持续运行如此长的时间，主要是在该体制下不同发展阶段的国家都可以谋取到经济利益。以欧美和日本为代表的发达国家的投资者利用美国所铺设的全球金融网络在国际市场间获取投资收益，而这些发达国家也是接受美国直接投资最主要的地区；以金砖四国为代表的新兴市场国家则将美国强大的消费需求作为经济增长的外部引擎，而所得贸易盈余又以美元资产为载体回流美国境内；以沙特为代表的石油出口国接受了石油美元定价机制，美元的长期贬值趋势为石油国家带来了丰厚的利润；而为了避免投资其他货币资产带来的汇率损失，石油国家又通常将“石油美元”投资于欧洲美元市场和美国境内；美国以其强大的消费能力和专业的投资能力输出美元，又以金融霸权力量将美元引渡回国。在这一过程中，接受美元输出的国家几乎都能从与美国的交易中获取经济利益，而这些国家选择将美元输送回美国不仅是为了这种经济利益的可持续，甚至还期望在下一期获取更多的经济利益，只要美国具备满足这一期望的能力，这种国家之间的利益关联就会不断被循环强化。

4. 国际机构组织辅助协调机制

IMF和世界银行是当前最具影响力和权威性的两大国际性金融组织机构，主要负责促进国际货币合作、维护国家之间的汇率秩序以及国际贷款等工作。虽然这两大国际性金融组织成立于布雷顿森林体系时期，但真正发挥其实质性作用还是在美元本位制时期，因此，它们也是服务于美元本位制的。无论是IMF还是世界银行，其金融决策的通过需要超过80%的多数投票，而美国则具有绝对占优的投票权甚至是一票否决权。换言之，在全球经济的特殊时期，如果美国无法凭借一己之力维护美元本位制，那么美国完全可以通过这两家国际金融组织进行国际协调，从而稳定国际金融秩序的运行和修复美元本位制。

（二）“亚洲美元”“欧洲美元”“石油美元”和“粮食美元”的各自效应与互动机制

美元本位制的稳定离不开美元的回流，而“亚洲美元”“欧洲美元”“石油美元”和“粮食美元”构成了回流美元的主体，因此，在研究美元本位制的可持续性时，有必要对这四类“美元”的不同效应和互动机制进行分析。

1.“亚洲美元”

“亚洲美元”国家的经济发展模式通常为出口导向型，其从事的多为全球产业链的中间或终端环节，借助较为低廉的生产要素进行加工贸易和制成品贸易。因此，“亚洲美元”国家多为贸易顺差国。自亚洲金融危机后，这些国家的美元贸易盈余多沉积在官方外汇储备中，以满足美元本位制下的外汇市场操作以及抵御外来的金融冲击。但随着贸易顺差规模的扩大，美元外汇储备增长迅速，已远远超过外汇市场操作和应对货币投机的外汇需求。由于“亚洲美元”国家的本币并不是国际货币，因此它们无法利用国际金融市场上的借贷和投资消化超额的外汇储备，也缺乏相应的金融衍生产品市场分散外汇储备所累积的汇率风险，那么，信用度高、流动性好的美国国债等其他美元资产便成为这种“亚洲美元”的理想的投资去向。“亚洲美元”便以美国国债等美元资产为载体回流至美国境内，成为维持美元本位制的重要支撑力量。根据美国财政部所提供的数据显示，东亚经济体持有的美国国债占美国国债总额的50%以上，并且这一比例并未因次贷危机而改变。由此可见，“亚洲美元”对美元本位制的支持内生于它们的出口导向型经济发展模式，因此，只要这些经济体的经济发展模式不发生根本转变，“亚洲美元”将继续成为支撑美元本位制的重要环节。

2.“欧洲美元”

“欧洲美元”指的是发达国家金融体系中所拥有的美元资产。在欧洲银行的对外资产中，美元资产一直占有相当大的比例。据有关统计，2012年末，美元资产占欧洲银行对外资产的50.5%，为7.66万亿美元。在这些资产中，流动性较差的资产抵押证券占绝大多数。这意味着，一旦美国金融市场发生危机，或美元汇率出现剧烈波动，欧洲的金融市场也难逃城门失火殃及池鱼的命运。因此，虽然在经济繁荣时期欧洲和日本等发达国家会利用欧元、英镑、日元等货币制衡美元的国际霸权地位，但在金融危机期间，出于维护自身利益的考虑，英、德、法等发达国家对美元国际地位的支持也将不遗余力。如2008年全球金融危机爆发后，短期内救助金融危机最有效的手段就是向市场注入流动性，因此，美国的量化宽松货币政策也得到了欧洲一些发达国家的默许甚至支持。然而，美国的量化宽松货币政策旨在保障持有美元资产市场参与者的投资安全性，同时吸引海外美元流动性回流美国境内以稳定本国经济，因此，美国量化宽松货币政策对市场的长期影响是无法确定的。尽管这种量化宽松货币政策必然带来美元的对内贬值，但未必会带来美元汇率的下跌。由于欧洲和日本等发达国家对美国金融市场的依赖，美元资产在其金融部门中所占据的优势比例，发端于美国的金融危机可能使这些国家的经济状况比美国恶化得更为严重。加之近些年来尚无可以替代美元的主权货币或国际货币，全球经济越是陷入危机的泥淖，美元及美国国债便越受到追捧，美元也因此在全球金融危机期间出现了对内贬值对外升值的现象。事实上，美元的国际货币地位在2008年全球金融危机中得到了强化，而负责处理金融危机残局以及应对次贷危机后遗症的则是欧洲发达国家。

3.“石油美元”

除了“亚洲美元”和“欧洲美元”,“石油美元”也是美元本位制的重要支撑力量。“石油美元”是指石油输出国因石油贸易顺差而获得的美元盈余。在布雷顿森林体系崩溃后不久，中东地区由于紧张的政治局势导致石油价格暴涨，并分别在1973年和1979年形成了两次大规模的石油危机，给初步成型的美元本位制的稳定运行带来了极大干扰。1974—1979年这期间，美国通过一系列外交手段与中东地区达成石油美元定价协议。自此，石油输出国的石油贸易均以美元计价与结算。“石油美元”对美元本位制的支撑主要体现在两个方面：第一，与“亚洲美元”类似，“石油美元”也会通过投资美国金融市场而回流到美国；但不同的是，回流的“石油美元”多为主权财富基金所控制，这些主权财富基金的投资不仅符合其国家利益而且比“亚洲美元”的投资更注重收益性。因此，“石油美元”投资美元资产的种类更加多样，在一定程度上满足了美国金融体系在各个市场层次的流动性需求。第二，因为石油是以美元计价结算的，因此高油价既符合石油输出国的经济利益，同时也引致对美元需求的膨胀，从而进一步支撑了美元汇率。当然，“石油美元”的第二种支撑机制带有明显的顺周期性，即在经济繁荣时期，强劲的市场需求将拉升油价，进而导致美元供给增加、利率下降、国际大宗商品价格上升以及金融资产杠杆率提高，这一系列的变化无疑会增加企业的融资成本，且累积金融风险；而在经济衰退时期，市场流动性开始趋紧，利率随之升高，而经济的不景气又会同时导致油价下跌、美元供给减少，从而导致利率的进一步提升，这对于本已低迷的经济无疑是雪上加霜。

虽然“亚洲美元”“欧洲美元”以及“石油美元”的形成与支撑美元本位制的机制有所不同，但三者之间是可以相互影响、存在互动机制的。从美元资产的流动与转换角度来看，“亚洲美元”“欧洲美元”以及“石油美元”通过各自的渠道回流至美国金融市场，并被其重新配置至全球；美国跨国金融机构将部分回流资金借贷给发展中国家或其他工业国，所获得的债务本息有些直接被借贷金融机构收回，有些则因资金调配与拆借需求而流入欧洲美元市场，从而形成“欧洲美元”再流回美国境内；美国金融市场将部分回流资金用于向居民发放信贷，从而刺激消费，国内消费需求的增加会扩大美国的对外贸易逆差，从而形成更多的“亚洲美元”；回流的三类美元补充了美国金融市场的流动性，使美国的金融体系更具活力，美国私人的跨国直接投资和金融交易助推着欧洲美元市场的发展，从而形成更多的“欧洲美元”。因此，这三类美元通过美国金融市场的重新分配互为补给，任何一类美元对美元本位制支撑力量的削弱，影响的不仅是美国的金融体系，也会对其他地区的资金需求与供给造成影响。

4.“粮食美元”

粮食的战略性更显著，“粮食美元”在逻辑上与“黄金美元”“石油美元”是一致的，即满足美国享有欠债填写美元支票的权利，维系美元作为世界货币的霸权地位。但“粮食美元”相对于“石油美元”具有特殊的优势：一是，美国不是石油生产与出口大国，美元锚定石油需要美国与石油输出国达成“协议”，若美元锚定粮食，则美国自己就可以主导该体系，因为美国是世界粮食的最大供应国，出口量占世界粮食总出口量的50%。二是，美国农业竞争力具有比较优势，通过WTO谈判，美国打开了其他国家的粮食大门，渗透并试图控制世界粮食体系，进而有力促进美元输出。目前，世界粮食储备主要集中于美国的五家跨国农业集团，其中ADM公司就已在中国的山东、河南、湖南、黑龙江、江苏等粮食主产区建立起粮食储备基地。粮食与石油相比，其重要性和战略性都更为显著。一旦“石油美元”地位发生动摇，其替代物就会自然落到粮食身上。

目前，有三个主要因素促使“石油美元”向“粮食美元”转变。一是，美国在经济复苏过程中实施量化宽松货币政策，导致了美元流动性输出的需求强烈。世界粮价上涨以及粮食需求弹性低的属性，则正是支撑美国输出流动性的重要渠道。同时，粮价的上涨会全面提高生产资料成本和生活成本，从而导致通货膨胀水平的上升，而通货膨胀又会提高名义货币需求从而导致国内信贷需求水平的上升，进而吸引更多的外资流入美国。二是，北美能源独立正在改写全球能源供给的版图，页岩油、页岩气等非传统能源技术革命导致全球油价的相对下降，美国通过石油价格上涨输出美元的战略受到一定制约。三是，美国在农业土地、生物科技上的优势使其间接或直接掌握世界大部分粮食生产，当美国粮食系统的全球扩张和粮食美元化达到一定的程度，粮食美元体系就将兴起，粮食贸易就将成为美元霸权的新的支撑因素。粮价的持续上升不利于世界经济的稳定，使得粮食进口国的国际收支出现不确定性，因而这些国家纷纷提高他们外汇储备中的美元资产比例来维持汇率的稳定，这就进一步提高了对美元的需求。

美国推进“粮食美元”战略具有坚实的政治基础，这集中体现在美国政府长期对农业的支持和进口保护上。过去十年里，美国农业每年直接补贴约50亿美元，美国产业化农民收入的1/3是源于政府补贴。同时，美国还不断拓宽支持农业发展的主体，鼓励金融资本介入农业，一方面通过农产品期货市场推高农产品价格，另一方面促进农场兼并，强化农业产业化集团的规模化生产，提高美国企业在国际农产品市场中的定价权力。

“粮食美元”规模越来越大，美国在农产品进口方面的保护措施很大程度上是为了调节国内各阶层的收入水平以减少社会矛盾。按照斯托尔珀—萨缪尔森定理，若实行自由贸易，一国丰裕要素的报酬提高，稀缺要素的报酬下降。具体到美国，其情形就是美国的富人更富、穷人更穷。因此，为了不使美国的穷人更穷，其在农产品的进口上实行贸易保护。对于丰裕要素是劳动力的国家，其希望通过自由贸易来提高劳动要素报酬，这为美国农产品扩大出口提供了机会。例如，随着中国加入WTO，中国在农产品上由顺差国转变为逆差国，进而成为全球最大的农产品净进口国。美国粮食系统通过农产品的出口贸易，日益使世界其他国家本来相对独立的农业生产体系和食物经销体系受到强烈冲击。随着美国粮食出口越多、出口范围越大，“粮食美元”的规模也越来越大，粮食的美元化过程支撑着美元的霸权地位。

（三）**美元本位制向新制度转化的调整成本**

在美元本位制运行期间，区域性或全球性的金融动荡较布雷顿森林体系时期有所增加，全球经济利益重心更倾向于发达国家，美国的金融霸权得到进一步的强化。虽然这些都引起了除美国以外其他国家的不满，但必须承认，现行国际货币体系是一个可以令不同发展程度的国家利益均沾的制度性安排。因此，如果美元本位制向新制度转化，其所损耗的调整成本必然由全球负担。那么，美元本位制的调整成本都体现在哪些方面？

第一，目前暂时没有任何其他主权货币或其他形式的资产可以代替美元作为国际货币体系的“本位货币”，因此，美元本位制的转换必然导致全球资本流动的紊乱。在布雷顿森林体系时期，黄金之所以能够作为货币发行的基础，是因为贵金属的特性决定了它既有价值又可以保值。既然美国能让美元被各国承认并接受其替代黄金作为国际本位货币，且帮助全球经济从布雷顿森林体系相对平稳地过渡到牙买加体系，那就证明美元在脱离黄金后依然具有与黄金类似的保值功能。美国对外开放的金融交易平台和发达的金融市场在相当程度上保证了美元的国际循环。在黄金退出国际货币体系后，美元的国际信用扩张的基础就是美国可以提供的全部可交易品的市场价值，这些可交易品不仅包括可供对外贸易的商品，更包括各类可跨国交易的金融资产。美国金融体系不仅自身具有品种齐全的金融工具、大量专业的金融机构和兼具广度与深度的金融市场，而且还能够充分利用诸如纽约、伦敦、东京和法兰克福等国际金融中心所构成的交易网络，在全球范围内配置资金。因此，美国在国际上的金融优势足以使其吸纳来自全球的资金且同时保持国内物价稳定。2007年的次贷危机使美国金融市场的国际声誉大受损伤，同时国际社会开始倡议对现行国际货币体系进行改革，此时正是调整美元本位制的绝佳时机。但事实证明，目前尚无任何一个调整美元本位制的方案具有可操作性。虽然2008年全球金融危机使包括美国在内的发达国家遭受了重大损失，但人们也清楚地认识到，如果因此修改现行的国际货币制度，那么全球都将付出远高于2008年金融危机损失的调整成本。

第二，如果个别贸易国家或资源出口国欲突破或挑战美元本位制，那就意味着该国自动退出了国际竞争，本国的经济也将面临停滞或衰退的风险。由于国内经济结构或体制上存在不足，出口导向型国家的对外依存度都较高，这些国家不仅需要美国庞大的国内需求作为经济增长引擎，而且还依赖美国的金融体系转化国内过剩储蓄。虽然对美元本位制的依附给这些国家平添了一些问题与风险（如货币错配、货币冲击以及货币政策自主性削弱等），但从整体来看，这些国家将其货币在短期内钉住美元，并将贸易盈余以投资美元资产的形式输送回美国也是一种双赢且稳定的策略均衡。如果选择不服从美元本位制又会如何呢？以中国为例，如果中国率先拒绝服从美元本位制，人民币汇率随市场需求走高，那么，中国在国内进行产业升级和经济结构调整的过程中，不但要承受国际出口市场份额被其他贸易国家所挤占的阵痛，而且还要面对因本币汇率自由浮动而导致的汇率风险，承担来自他国的经济冲击给国内经济政策造成不确定性的成本。

第三，国际大宗商品市场和国际金融市场已经形成了一种较为完善的美元定价联动机制。在这种情况下，调整美元本位制会使市场的不确定性大为提高。美元本位制自形成至今已有40年，交易者已经适应了商品市场和金融市场间美元定价的联动机制，能较为准确地对市场行情进行判断，对市场细微变化可能导致的投资风险也能在事先做到一定程度的防范。因此，尽管美元本位制会强化全球美元资产市场的系统性风险，其定价机制所导致的价格联动效应会使全球市场极易出现“一损俱损”的局面，但美元本位制的自我稳定机制也会帮助稳定市场，控制动荡和危机的范围与持续时间。然而，一旦美元本位制被其他制度所替代，国际大宗商品和金融资产的定价机制以及国际市场间的价格联动机制将荡然无存，交易者将面临市场波动的高度不确定性，由此所引发的全球金融动荡很可能比任何一次全球性金融危机的破坏力度都强。如果接替美元本位制的新制度尚不够稳定完善，那么市场动荡的持续时间将会更长。

第三节 “一带一路”金融规则制定的思考

一、构建“一带一路”建设的金融支持体系

我们可将“一带一路”倡议实施所处阶段分为三个阶段，根据所处阶段，有序摆布金融机构支持体系。

（一）开发性金融

第一阶段，重点是基础设施建设阶段。这个阶段首要的金融服务是开发性金融，所以，应充分发挥亚投行、丝路基金、金砖国家开发银行等国际开发性金融机构的作用，支持“一带一路”相关国家加快基础设施建设。这也可以说，构成了“一带一路”金融支持的主体架构。尤其是亚投行，鉴于其所具有的诸多重要功能，比如亚投行将与世界银行、亚行等其他多边及双边开发性金融机构展开密切合作，继续推动IMF和世界银行的进一步改革，补充亚行在亚太地区的投融资与国际援助职能等，使亚投行具有无穷的魅力。加之亚投行作为开放包容性极强的国际金融机构，所有致力于亚洲区域和全球经济发展的国家均可申请亚投行成员资格，这又为其增添了极强的吸引力。截至2015年4月1日，已申请加入亚投行的意向创始成员增至51个，包括中国、印度、英国、法国、德国、意大利、韩国、澳大利亚等。相信未来的亚投行不仅将夯实作为经济增长动力引擎的基础设施建设，还将提高亚洲资本的利用效率及对区域发展的贡献水平，对“一带一路”沿线国家尤其是亚洲国家提供重要的金融支持。

（二）政策性金融

第二阶段，中国以及“一带一路”沿线国家的政策性金融机构发力，积极支持沿线国家加强互联互通和物流发展，促进贸易和投资便利化。

（三）商业性金融

第三阶段，“一带一路”沿线国家经济开发区收到一定成效后，商业性金融机构才会进入市场化运行阶段。换言之，商业银行原则上不从事开发性项目，但能够从事项目上下游的商业性业务（比如为装备研制企业服务等）。另外，开办必不可少的国际结算业务，以及为企业提供财务咨询、风险管理、投资银行等创新业务。见图5-2。

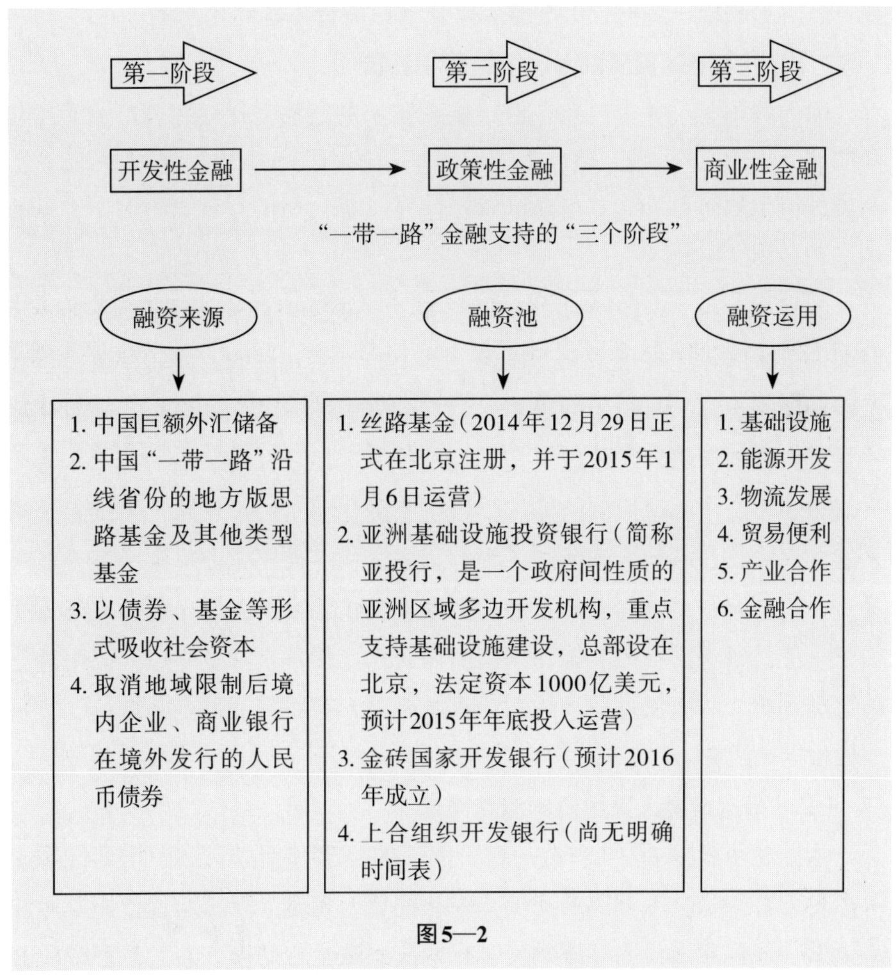

图5—2

二、"一带一路"与人民币国际化

"一带一路"倡议在活跃欧亚大陆贸易活动的同时，必将活跃货币流动。在贸易环节使用人民币，商品的流通必然伴随人民币的流出，从而增加人民币的境外储备；同时境外人民币可以通过对国内进行人民币投资以及购买人民币债券等方式流回国内，从而形成人民币的国际循环流动，这种流动速度将随着跨境贸易和金融交易的活跃逐渐加快。这一过程中，人民币的计价结算与投资功能将逐步被加强，促使人民币国际化程度不断加深；同时，人民币利用"一带一路"建设平台，通过扩大对外投资、活跃欧亚贸易等途径也将显著提高其国际化水平。因此，经济规模、对外直接投资、贸易规模、经济自由度等因素显著影响货币国际化水平。

（一）扩大国际贸易以人民币结算和计价

因为我国与"一带一路"沿线多个国家的贸易常年存在进口大于出口的问题，所以，"一带一路"倡议可以推动国内产能输出，实现产业转移，同时可以加强投资和贸易领域的本币结算，为扩大国际贸易以人民币结算和计价带来了机遇。

2015年3月，我国针对"一带一路"倡议提出了愿景与行动方针，为促进人民币国际化带来了新的机遇。其中的一系列举措，尤其是亚投行和丝路基金的设立，有利于推进扩大贸易结算领域人民币的使用，同时使海外投资更多地使用人民币进行结算和计价。现如今，必须借助我国作为主要的国际大宗商品进口国的地位，进一步深化与"一带一路"沿线各个国家的交流协作；必须推动我国各银行金融机构、外资企业、中小型企业等为"一带一路"沿线国家的贸易商更多地提供便捷的融资渠道；此外还必须与其他具备丰富石油资源的国家密切合作，促进石油贸易以人民币进行结算和计价，从而促进石油体系的重新确立，摆脱美元的垄断地位，实现人民币的国际化。

（二）拓宽跨境人民币资本流动渠道

从金融角度来看，"一带一路"倡议的提出和推进有利于推动区域内生产要素特别是金融资源的流动和优化配置，拓宽人民币跨境使用资本流动渠道。根据我国目前经济发展遇到的瓶颈来看，中国在新的发展阶段开始从对发达经济体重点开放向更为关注对新兴市场和发展中经济体、对转型国家等的开放转变，中国更多地鼓励境内企业与“一带一路”沿线国家开展业务。推进“一带一路”沿线国家发行以人民币计价的债券，有利于促进亚洲投融资体系和信用体系的建设，优化亚洲区域金融市场结构，提升人民币作为国际储备货币的地位。

（三）创造市场网络条件和地理空间

“一带一路”沿线的各个国家之间日益密切的专业化分工市场为人民币国际化创造了更多市场网络的机遇。“一带一路”为沿线国家的贸易通道建设带来了更加便利的区域内部商品流动，他们可以充分利用这一条件积极融入沿线各国之间的产业分工以获得较好的经济效益。“一带一路”沿线的各个国家之间日益广阔的专业化地理空间为人民币国际化在地理空间方面的发展带来了更多的机遇。“一带一路”倡议的实施，促进了沿线各国之间市场的融合和一体化进程，推动了各国专业化分工的空间扩散范围。商品跨国流通速度的提高和成本的下降以及沿线贸易通道和相关基础设施建设的不断完善，都将使得沿线各国商品流通的地理空间范围沿着“一带一路”进一步延伸。

（四）创造国际分工环境

“一带一路”沿线各国在“一带一路”贸易通道建设的影响下，形成了各具特色的产业分工体系；各国的地理区位、经济发展基础、禀赋条件、社会文化环境都存在着较大的差异，各国在产业发展和同一产业的不同流程方面的比较优势也各不相同。“一带一路”的建设能够使这些国家和经济体内部的产业发展方式更加开放，产业发展循环水平更快提高，能够使各国之间的产业分工更加明确。

总之，“一带一路”倡议可以推动国内产能输出、实现产业转移，同时可以加强投资和贸易领域的本币结算，为扩大国际贸易以人民币结算和计价带来了机遇。“一带一路”沿线各个国家尤其是一些内陆国家，仍然处于更低发展水平、更低监管力度的阶段，这种情况的存在必然使得沿线国家面临市场经营风险；另一方面是违约风险，从企业角度讲主要是违法风险，从政府角度讲主要是违约风险，这种违法或违约风险使得企业或政府的成本造成损失和不确定性。"一带一路"对人民币国际化的影响在长期将较为显著，应坚持鼓励创新与完善发展并举，对"一带一路"倡议进行更加完善的规划并付诸实施，以加快人民币国际化的进程，促进我国经济发展，提高我国国际地位。

三、"一带一路"金融监管合作

进一步深化与"一带一路"沿线国家的金融监管合作，完善"一带一路"区域监管协调机制。第一，进一步加强与沿线国家各监管当局间的沟通协调，扩大信息共享范围，提升在重大问题上的政策协调和监管一致性，逐步在区域内建立高效监管协调机制。第二，督促在"一带一路"区域内构建协调一致的投融资机制，确保投融资具体方案的制定、承包商的认定、材料物资的选购等环节都能坚持公开、公平、公正原则。还要建立科学高效的投融资决策流程，尽量避免资金的调度和使用在所在国政府转手。同时，建立项目专用账户，强化资金使用监管，提高资金使用效率，杜绝腐败或资金浪费，更是为了防范项目信贷资金风险。第三，构建"一带一路"区域性金融风险预警系统，实现对区域内各类金融风险的有效分析、监测和预警，及时发现风险隐患，确保区域金融安全稳健运行。第四，推动签署双边监管合作谅解备忘录，逐步在区域内建立高效监管协调机制。加强征信管理部门、征信机构和评级机构之间的跨境交流与合作；充分发挥丝路基金以及各国主权基金作用，引导商业性股权投资基金和社会资金共同参与"一带一路"重点项目建设；形成应对跨境风险和危机处置的交流合作机制，完善风险应对和危机处置的制度安排，构建区域性金融风险预警系统，协调各方的处置行动，共同维护"一带一路"区域的金融稳定。

有效和健全的国际金融合作体系的构建，需要完善的金融监管机制内嵌。一方面，完善"一带一路"区域监管协调机制，提升在重大问题上的政策协调和监管一致性，逐步在区域内建立高效监管协调机制。另一方面，构建"一带一路"区域性金融风险预警系统与应急处理合作机制。沿线各国可以通过加强征信管理部门之间的合作，扩大评级机构之间的交流等方式来培育区域整体征信市场的发展。在征信机构监管、建立信用评级体系和标准、保护信息主体合法权益、防范恐怖融资等方面通过磋商，逐步制订共同监管标准，通过严格执行监管标准，实现对区域内各类金融风险的有效分析。

对于金融部门而言，不仅需要考虑沿线国家对资金的迫切需求，还需要考虑在经济活动中存在的金融风险，对“一带一路”建设中的金融风险进行有效的识别与分析是后续风险监管的基础。

“一带一路”建设作为中国及周边国家（地区）之间合作的重要平台，将有效地促进双边或多边国家之间的政治、经济、贸易以及社会的广泛交流。金融部门作为“一带一路”建设的助推器，其资金支持将为“一带一路”建设提供保障。政治地缘因素、社会法律和风俗文化的差异等决定了“一带一路”建设所可能面临诸多风险，尤其是直接引致的金融风险。金融风险一旦产生，不仅会影响“一带一路”的建设进程，而且会直接对整个地区的稳定产生巨大影响。对金融风险进行相应的监管是保障“一带一路”建设顺利实施的重要举措，中国应联合沿线国家对“一带一路”建设中可能出现的各种金融风险进行合理的监督管理，做到金融风险管理政策的细分，以此来保障整个建设项目的顺利实施。为了更好地对“一带一路”建设中的金融风险进行有效监督，金融风险管理政策的细化显得尤为关键，尤其是在国家和区域两个层面着手进行联合监管。

从国家层面来看，可以将金融风险监管分为下述两个方面：发达国家（地区）金融风险监管和发展中国家（地区）金融风险监管。对于发达国家（地区）而言，由于其金融机构和金融法律较为完善，加强微观项目的监管审核力度是发达国家的银行监管部门所需要重点关注的。尤其是考虑到“一带一路”本质上是由个体性的投资共同构成的中长期投资计划，为了保障项目的可持续性，必须要保障每个微观投资项目能够实现可观的投资回报及良好的发展前景，在完善的监管审核制度的基础上对每个项目的前景展开可行性分析，定期检查项目建设的预期、进程、收益、风险等，以此确定“一带一路”建设中的最优投资建设方案，降低金融风险。

对于发展中国家（地区）而言，考虑到其金融机构和金融法律均不十分完善，为提高其对金融风险的相应监管能力，从金融监管机构的设立和金融立法的制定两个方面入手更为现实。首先，要构建现代化的监管机构和培养专业监督管理人才，不断提高本国对外联系工作人员的素质，将现有的“官僚式”运营方式转变为兼具专业经纪人的微观运营方式和政府宏观监管特点的双层模式。此外，可以按区域划分成立金融监管互助机构，其并不参与具体金融投资，但是对各成员之间的金融风险可以给予特别援助，旨在控制风险蔓延和确保成员金融安全。其次，制定普适性法律监管组织和规章。由于“一带一路”沿线发展中国家（地区）的法律体系和法律环境存在差异，为规避法律冲突及法律适用上的困难，沿线国家应在高度重视各国相关法律法规的前提下，对法律条文冲突部分做到“求同存异”，对各国的产业限制、劳动保护法、贸易壁垒等做出合理协调，形成相对一致的区域性法律安排，加强谈判等争端解决机制的常态化运行，以吸引海外投资者对“一带一路”沿线国家进行大规模区域性投资合作。当出现法律纠纷时，相关组织应加强沟通与合作，适时提供法律援助，保障投资人及母国的相关利益。

从区域层面来看，区域层面的金融风险监管主要应强调预警机制和合作监管两个方面。对于预警机制而言，要求建立和完善金融风险预警机制：随着区域化、全球化进程不断推进，金融风险预警机制的建立和完善变得必不可少。因此，“一带一路”沿线各国的金融投资需要配套的风险预警机制：对汇率风险、信用风险、声誉风险等设立监管标准和预警指标（例如，偿债率、延期偿还贷款率、金融收入比率等）；合理划分风险等级，加强综合管理，针对不同级别的风险制定多层次应急防范措施。与此同时，也需要不断完善互联网监管平台，做到各国监管信息无时差共享和跨区域联合监管，做好不同时期的各项风险监管。对于区域合作监管而言，要加强区域联合监管合作力度。“一带一路”不是任何单个国家的使命或任务，需要辐射范围之内的所有国家共同努力。为面对可能会出现的各种风险，各国互相合作极为重要：要达成共同面对金融风险的协议，构建相互协商的交流机制，承诺统一行动以解决问题；沿线国家应以促进区域性共同发展为目的，减少地方保护主义，尊重宗教信仰避免宗教冲突，维护人权杜绝种族歧视，扫清各国金融投资障碍。与此同时，“一带一路”沿线国家在微观项目上可以与区域性金融机构合作，借鉴其专业的监督管理优势及经验来推动“一带一路”沿线各国的经济。

四、“一带一路”金融规则制定的建议

随着“一带一路”倡议的稳步实施，未来中国与沿线国家的国际金融合作战略体系将在亚投行与丝路基金两翼的带动下，发展成为包罗跨境贸易金融与能源金融等多重要素于一体的金融合作体系，从而更好地服务于亚太区实体经济，最终共同实现区域经济繁荣发展。

（一）深化与沿线国家金融机构的务实合作，加强和完善各国金融政策的沟通与协调机制

国际金融合作理论强调，通过提高跨境资金和机构的聚集程度可直接推动区域经济的合作与发展。我国与“一带一路”沿线国家在金融机构互设方面尚有很大的合作空间，应抓住筹建亚投行、丝路基金等多边新兴金融机构的机遇期，推动我国与境外金融机构互设分支机构。鼓励双边金融机构适时开展跨地区的股权合作、银团贷款、融资代理等合作，积极开展为相关合作国家提供战略规划咨询、项目策划、投融资顾问、风险管理为一体的综合性金融服务，提高与沿线国家金融一体化程度。

近年来，我国央行通过参与东亚及太平洋中央银行行长会议组织(EMEAP)、东盟与中日韩（10＋3）金融合作机制等区域合作机制，提升了在亚太区域金融合作中的参与力度。“一带一路”倡议下构建畅通的政策沟通与协调机制，是以共赢的思维提升国际金融合作水平的根本保证。“一带一路”沿线国家之间可借助APEC峰会、EMEAP等已有平台，在上合组织银联体合作机制的基础上，建立、巩固和完善与各国金融政策协调与业务合作机制、财长对话机制等。通过平等的磋商来解决各成员之间的金融监管透明度、金融政策协调、相关信息披露以及在此基础上寻求深层次共识，协调推进金融合作进程。此外在培养金融行业人才、金融信息交换和共享、金融领域项目库建设等方面也可形成相应的协调机制。

（二）建立多边金融合作机制，加强国际金融协作

“一带一路”倡议涉及数十个国家和地区，其中包罗的市场环境和制度安排纷繁复杂，仅仅依靠单方的努力是不够的，无法发挥本可以利用的协同作用，因此，建立多边金融合作机制是非常有必要的。创建多边金融合作机制的基准点和出发点是建立多边金融机构。多边金融机构是促进全球区域金融合作的重要推动性组织，其投入运作的重点是鼓励各种来源的资本协同合作，在“一带一路”倡议实施中充分发挥金融支持作用，以共同出资、共同受益的合作宗旨，我国领导建立了亚投行和丝路基金，为“一带一路”沿线国家和地区的基础设施建设、能源开发与利用、产业和贸易合作等项目提供资金方面的支持。经济全球化使世界经济进入快速融合发展的阶段，只有通过多方合作的渠道才能在全球化浪潮中谋求发展。

（三）创新国际金融合作模式，构建开放型经济体制

“一带一路”倡议中基础设施建设、能源资源开发利用、贸易合作等方面是一项复杂的、巨大的系统性工程，需要强有力的金融支持。“一带一路”沿线各国政治政策、经济发展、金融政策、贸易状况均有所不同，因此，推进国际金融合作的同时应鼓励项目设计与对接的创新、资本来源的创新。过去主要以鼓励出口和招商引资为主的外向型模式无法继续支撑“一带一路”倡议，构建新型开放式经济体制才能为“一带一路”倡议提供其所需要的环境土壤。同样的，也不能继续选择倚靠政府推动的模式，深化经济体制改革创新，使市场充分发挥其在资源配置中的决定性作用，为“一带一路”倡议营造更加市场化的新环境。为了达到以上目标，应当扩大内需，形成国内投资、消费高效率协调增长的新兴经济体制，为“一带一路”沿线国家和地区创造更多的进口需求、对外投资以及发展机遇。同时，摒弃过去的不平衡战略，构建市场经济、民主政治、先进文化、和谐社会、生态文明五位一体的新型经济体制，为“一带一路”倡议培育和谐的制度环境.

（四）加快推进亚太地区金融市场合作与创新

从亚洲地区长期存在的高储蓄水平来看，各经济体虽然陆续走上工业化发展快车道，但支撑其经济发展的融资结构却相对处于间接融资居主导

地位的失衡状态。活跃的金融市场是构建与完善国际金融合作体系的重要部分。到目前为止，全球范围内获批投资我国银行间债券市场的央行共有26家，其中有十余家来自丝绸之路经济带地区。EMEAP机制下的亚洲债券基金和“10＋3”金融合作机制下的亚洲债券市场已成为近年来亚洲金融合作最为重要的成果，在拓宽融资渠道、优化地区金融结构、降低金融脆弱性和引导国际投资者方面发挥了积极作用。但由于尚处于初始阶段，以亚洲债券基金为主的区域金融合作产品存在发债币种单一、发债主体有限、资金规模偏小等问题，限制了发展空间。在亚太金融市场基础设施建设普遍滞后的情况下，“一带一路”沿线国家应大力发展各类机构投资者，协商颁行与国际接轨的会计、税收与法律构架，建立便捷的信息网络和区域性的评级体系和担保机制，逐步完善清算系统和清算标准。在此基础上，考虑从债券需求角度和供给角度推动债券品种、发行币种和投资主体向多元化创新的方向发展。

第六章 CHAPTER

“一带一路”知识产权规则的制定

“一带一路”沿线国家需深入推进在知识产权领域的务实合作，打造区域创新发展的新兴带，促进各个国家的创新发展。区域知识产权规则的建立有助于知识产品在区域里自由流动，促进贸易自由化，推动知识产权全球化的实现。构建“一带一路”区域知识产权一体化制度，充分考虑沿线国家知识产权发展状况的差异，允许不同国家实施不同的保护策略，以保证“一带一路”区域知识产权一体化的凝聚力和合理性。

第一节　知识产权规则的现状

一、经济危机前知识产权规则概述

知识产权是指公民、法人或者其他组织对其在科学技术和文学艺术等领域内，主要基于脑力劳动创造完成的智力成果所依法享有的专有权利。一般来讲，当前知识产权包括著作权及其邻接权、专利权、商标权、未披露信息权、植物新品种权、集成电路布图设计权、地理标志权等七种权利客体。知识产权具有鲜明的地域性、时间性和排他性特点。知识产权保护和实施的目标应有助于促进技术革新及技术转让和传播，有助于技术知识的创造者和使用者的相互利益，有助于社会和经济福利及权利与义务的平衡。可见，知识产权规则作为人类创设的一种制度文明，其本质就是要实现鼓励创造与共同使用之间的平衡，知识产权保护与禁止权利滥用是知识产权规则一个硬币的两面。

经济危机之前，知识产权规则已经得到比较成熟的发展。它从最初的国内立法逐步拓展到国际层面，出现了大量的知识产权国际条约，进而又从单纯的知识产权国际条约发展到知识产权与贸易规则的结合。另外，在国与国之间的双边或多边协定中也涉及了部分知识产权规则的内容。为此，人类已先后经历了知识产权规则的国内立法、巴黎联盟、伯尼尔联盟、世界知识产权组织（WIPO）、WTO等不同的变迁时期。

（一）知识产权的国内立法

知识产权最早起源于封建社会的"特权"，这种特权，或由君主个人授予、或由封建国家授予、或由代表君主的地方官授予。早期的知识产权法均来自于市场经济比较发达的资本主义国家，反映了知识产权的财产权和私权属性。除知识产权专门法外，美国在1930年《贸易法》和1988年《综合贸易法》中分别确立了针对外国企业侵犯知识产权的"337制度"和针对保护知识产权不力的"301制度"，最早在国内立法中实现了知识产权规则与贸易规则的结合。

中国最早与西方知识产权规则比较接近的知识产权立法始于清末，面对内忧外患，清朝政府力图变法，先后于1898年、1904年、1910年分别颁布了《振兴工艺给奖章程》《商标注册试办章程》和《大清著作权律》。由于随后清王朝很快灭亡，清政府颁布的这些立法并没有得到实施。在清朝被推翻后，中国近代史上，无论是北洋军阀时期，还是国民政府时期，乃至新中国成立后至改革开放前，虽然也有有关知识产权的相关立法，但由于战乱纷飞以及新中国成立后实行高度统一的计划经济，知识产权作为一种私权利，在中华大地一直没有适合其生存的土壤。随着改革开放和市场经济建设的不断深入，中国当代的商标法、专利法、版权法分别于1982年、1984年和1990年获得通过，中国2004 年修订的《对外贸易法》也纳入了与对外贸易有关的知识产权内容。

（二）**知识产权国际公约体系**

1873年，维也纳举办了国际发明展，但外国参展人员因为害怕自己的创意被窃取、在他国遭到商业利用而拒绝参展，这第一次提出了对知识产权进行国际保护的问题。可见，保护知识产权权利人在他国市场上的商业利益是知识产权规则国际化的内生动力。与之相适应，《保护工业产权巴黎公约》(Paris Convention on the Protection of Industrial Property，PCPIP)于1883年诞生，这是第一部旨在使一国国民的智力创造能在他国得到保护的重要国际条约，使得专利和商标保护第一次走上国际舞台。1886年订立的《保护文学和艺术作品伯尔尼公约》使版权保护也走上了国际舞台，人类知识产权保护由国内进入到了“巴黎联盟”和“伯尔尼联盟”的国际保护时期。

1967年《建立世界知识产权组织公约》获得通过，1970年随着该公约的生效，WIPO正式确立创立。1974年，WIPO成为联合国组织系统的一个专门机构，人类知识产权国际保护又进入到了WIPO时期，中国于1980年加入该组织。当前，WIPO共管理着28个知识产权国际条约：在商标方面包括了10个，中国加入了其中4个；在专利方面也包括了10个，中国加入了其中的6个；在版权方面包括了8个，中国加入了其中4个。

在 WIPO之外，涉及知识产权的国际公约还有三个：一是缔结于1961

年的《国际保护植物新品种公约》，1999年4月23日中国成为该公约成员；该公约由保护植物新品种国际联盟管理。二是缔结于1971年的《世界版权公约》，1992年10月30日中国成为该公约成员；该公约由联合国教科文组织管理。三是缔结于1995年的TRIPS，2001年12月11日中国成为该协定成员；该协定由 WTO管理。

值得注意的是，以上绝大多数知识产权国际公约与各国知识产权国内立法一道，主要解决发明创造中知识产权从无到有的确权过程和确权后知识产权如何保护的问题。这决定了知识产权国际公约从一开始即肩负了协调各国知识产权立法差异、统一相关知识产权保护原则的使命。只有TRIPS 的出现，才第一次实现了知识产权规则与贸易规则的结合，标志着人们越来越重视知识产权在经贸领域实现其价值的问题，人类知识产权保护进入WTO时期。

（三）与贸易有关的知识产权协定（TRIPS）

TRIPS的产生主要源于美国的推动，早在GATT东京回合谈判中美国就提出把阻止冒牌货贸易纳入谈判议题。在其后乌拉圭回合谈判中，美国进一步提出：如果不将知识产权问题作为新议题纳入，美国将拒绝参加第八轮谈判。为此，对发达国家，美国通过政府和业界两个渠道，"双管齐下"，积极争取；对发展中国家，美国则一方面频繁使用"301"工具给巴西、阿根廷、印度、泰国等发展中国家施压；另一方面，美国将知识产权议题与发展中国家普遍关注的诸如纺织品、农产品等议题挂钩。最终美国将NAFTA中知识产权的内容多边化为TRIPS，并使其成为WTO的三大规则领域之一。

（四）双边或区域层面的知识产权规则

知识产权是国与国之间经贸交往中的重要话题，在一些双边或区域活动中，知识产权国际规则往往也孕育其中。

在双边层面，以中美关系为例，1979年1月，《中美高能物理协定》第一次对有关发明和版权保护作出了原则规定。同年7月，中美两国签署了《中美贸易关系协定》，其中第六条规定：每一方提供的专利、商标和著作权保护，应与对方基于自己的此类保护相适应。中美双方早期共发生了四次大的知识产权谈判（冲突），分别出现在1989年、1991年、1994年、1996年，推动了中国知识产权立法的进一步完善。其后，在中国加入WTO的中美谈判中，知识产权也一度成为双方能否达成关于中国加入WTO双边协议的关键障碍。中美双方在知识产权方面最大的冲突则发生在2007年，当年4月10日，美国在WTO就中国知识产权有关问题提起争端解决机制下的磋商请求，引发了 WTO历史上第一个真正涉及知识产权执法的诉讼。诉讼过后，双方知识产权合作氛围越聚越浓，2011年第22次中美商贸联委会上，两国政府签署了第一份知识产权合作框架协议。由于在社会制度、法治理念、发展阶段等方面的客观差异，可以判定，中美在知识产权方面仍将呈现出分歧与合作交替发展的态势。然而，当前中美知识产权保护的目标日趋相同，双方都面临着技术快速发展带来的知识产权保护的共同挑战，随着中国知识产权保护水平的不断提高，双方在知识产权方面的合作面将会越来越宽。

在区域层面，以APEC为例，多年以来，美国、日本、加拿大、澳大利亚等主要经济体不断通过APEC领导人非正式会议、贸易部长会、经济高官会、贸易投资委员会和知识产权规则，还比较明显地表现在国家间各种自由贸易区谈判之中，体现了知识产权规则和贸易规则的进一步融合。

二、经济危机以来知识产权规则的变迁

（一）知识产权美国战略

经济危机加剧了各国经济之间的竞争，面对新技术的发展和新的知识产权侵权形势，为巩固在知识产权方面的强大比较优势，美国国内围绕着知识产权规则进行了一系列的整合。一是实施了知识产权资源和组织优化法。2008年美国颁布《知识产权资源和组织优化法》，进一步加强了对商标、专利、著作权侵权的民事和刑事处罚力度，特别是明确了知识产权间接侵权的责任，并第一次将美知识产权执法扩大到出口环节，禁止侵犯商标权和著作权的货物转运、出口。在民事执法方面，将假冒货物的法定赔偿额由1000美元提高到20万美元，对重复侵权者的法定赔偿可以高达100万至200万美元。二是发布了第一份知识产权执法共同战略计划。2016年6

月，在美国知识产权执法协调员（IPEC）协调下，美国发布了历史上第一份知识产权执法共同战略计划。三是成立了知识产权执法顾问机构。四是完成了专利法的全面修订。

（二）知识产权欧盟战略

作为人类知识产权制度文明的发源地，知识产权承载着欧盟巨大的经济利益，面对当前技术和市场竞争的最新变化，特别是网络商业活动的大量增加，欧盟委员会于2011年5月24 日提出了“推动创新发展的知识产权综合战略”。该战略提出了一系列短期和长期的知识产权措施，以进一步完善欧盟现有知识产权规则，鼓励创新发展，实现地区竞争的新优势。

一是专利方面，欧委会将继续推动各成员加强合作，统一实施知识产权保护。同时，提出建立欧盟统一的专业化专利法院的建议。

二是商标方面，欧委会提出了修改欧盟商标条例和商标指令的立法建议，以加快欧盟商标体系现代化建设，在欧盟和各成员层面保证商标注册体系的高效、统一，并适应数字化时代的需要。

三是地理标志方面，针对欧盟地理标志规则对非农产品保护的缺失，欧委会将深入研究各成员现有的地理标志保护法律框架，并分析非农地理标志产品对经济潜在的影响，在此基础上提出相关立法建议。

四是著作权许可方面，针对著作权许可规则仅停留在各成员层面的问题，欧委会将推动建立欧盟统一的著作权许可和报酬分享制度，提出有关欧盟著作权集体管理组织立法建议，特别是在音乐和音像制品等领域。

五是数字图书馆方面，欧委会提出了有关“孤儿作品”的立法建议，以增进这些作品的数字化和获取度。同时加快建立数字图书馆项目，这将使欧盟向共同版权规则体系进一步迈进。

六是执法方面，欧委会提出立法建议，在负责知识产权相关工作的内部市场总司组建“欧盟假冒和盗版检查机构”。同时，欧委会还建议修订2004 年发布的知识产权执法指令，以增加数字环境下知识产权保护的内容。

七是在海关边境保护措施方面，欧委会提出了新的知识产权海关保护条例草案，进一步加强欧盟海关知识产权保护力度，特别是将小额网购物品纳入海关知识产权保护之列。

（三）其他国家对知识产权规则的完善

经济危机发生后，世界其他国家国内知识产权规则的调整力度也明显加强。比如加拿大经过四次努力，完成了对版权法的修订，进一步扩大了有关打击网络盗版的内容。

（四）反假冒贸易协议（ACTA）

ACTA的谈判设想最初由美国、日本于2006年提出，加拿大、欧盟和瑞士参加了2006—2007年早期的酝酿，澳大利亚、墨西哥、摩洛哥、新西兰、韩国、新加坡等相继加入谈判。各方经过11轮密集磋商，于2010年10月在日本结束谈判。ACTA的签署是知识产权强国在多边推动知识产权规则向前发展的典型代表，反映了这些国家在TRIPS之上进一步强化与贸易有关的知识产权规则的努力，在某种程度上可以称其为“TRIPS PLUS”（与贸易有关的知识产权协议+）。ACTA将在六个国家批准后正式生效，除日本已正式批准外，ACTA在其他谈判方的审批进展并不顺利，2012年7月4日，欧盟议会投票否决了ACTA。

三、知识产权规则演进趋势与中国的知识产权保护

（一）知识产权规则演进的趋势

当今世界，经济国际化步伐继续加快，全球经济竞争更趋激烈，面对经济危机的冲击和新技术发展带来的挑战，世界各国迫切需要寻求新的经济增长点，新的经济增长点的培育迫切需要创新的突破，而创新的突破又迫切需要知识产权规则的保驾护航。创新驱动发展，知识产权成为人们的共识。在此背景下，知识产权规则的演进正从知识产权强国发端，并通过双边、诸边安排快速扩展，整体呈现出以下趋势：一是标准越来越高；二是领域越来越宽；三是执法越来越严；四是协调越来越强；五是变化越来越快。

（二）中国的知识产权保护

中国政府高度重视知识产权保护，充分认识到保护知识产权、打击假冒伪劣，是建设创新型国家、加快转变经济发展方式的客观要求，是保障

和改善民生的内在需要，也是扩大国际经贸合作的必然选择。近年来，中国保护支持产权成效显著。一是将知识产权上升为国家战略；二是成立了专门负责知识产权保护的领导机构；三是进一步完善知识产权法律体系；四是始终保持打击知识产权侵权的高压态势；五是全面推进软件正版化工作；六是成立知识产权专门法院。

第二节　知识产权规则的困境分析

一、知识产权规则的变迁对知识产权规则制定的影响

进入21世纪以来，随着知识经济的迅猛发展，经济全球化步伐加快，知识产权对经济社会发展的重要作用日益凸显，知识产权已经成为国际竞争的一个焦点，知识产权国际规则也在发生巨大的变革。这一变革的内生动力和外在需求，不仅来自于发达国家，也来自包括中国在内的广大发展中国家。知识产权的竞争带来了严峻的挑战，如何适应这种竞争，解决实际存在的老问题和伴随形势发展出现的新问题，成为知识产权国际谈判中要探讨的共同命题。

知识产权保护始于WIPO快速发展的时代，而后跨过WTO不断壮大的门槛。如今,《反假冒贸易协议》似乎又要拉开一个新的序幕，但少数国家制定的这一"新规则"究竟能在多大范围内发挥多大作用，成为包括参与谈判的部分成员以及国际社会普遍的疑问。

据联合国世界经济合作与发展组织估计，全球假冒和盗版商品贸易额已由2000年的约1000亿美元增至近几年每年的约2500亿美元，其中较为严重的一些情况仍然出现在西方，但由于在国际社会中话语权的掌控问题，事实往往被扭曲和变形。而发达国家对于《反假冒贸易协议》等国际知识产权规则存在的焦虑情绪，从一个侧面反映并证实了这一点。同时，以知识产权为"大棒"，以主宰制定的知识产权新规则为"紧箍咒"，不断要挟和迫使发展中国家就范，以实现其主控的全球布局，以及其自身利益的最大化，才是其真正目的所在。

同时，全球假冒和盗版商品贸易额的激增再次触动西方发达国家的神经，“假冒”与“盗版”成为21世纪知识产权保护的关键词。在欧美等大国发起下，《反假冒贸易协议》“新规则”的孕育过程，在一定程度上形成了WIPO、WTO之外新的知识产权国际保护联盟，发展中国家和国际组织中的大多数成员普遍被排除在外，使“新规则”一开始就处于备受争议的窘境。

在新的时代背景下，知识产权国际规则变革的趋势包括知识产权保护不断强化、知识产权保护客体扩大、知识产权国际化趋势明显加强、国际规则变革呈多元化等。从知识产权角度出发，要实现一个规则公平、和谐发展的世界，知识产权新规则的制定就需要有明确公认的核心，谋求各国广泛的参与。正如世界知识产权总干事弗朗西斯·高锐针对《反假冒贸易协议》所言，知识产权的保护与执法已经成为一个全球性的问题，目前重要的是要找到一个国际性方法来解决这个问题。有多边普遍参与才是国际知识产权新规则的正道，而不是用小众化代替大众化，另起炉灶。

二、全球治理对知识产权规则制定的影响

长期以来，WTO、WIPO、G8、APEC等在全球治理中一直发挥着积极的作用，在这些国际平台上，知识产权也一直是各方讨论的话题，但由于受制于各自平台功能的差异，它们对知识产权规则发展的影响有所不同。

2011年G8领导人峰会就加强互联网企业与政府对话、建立互联网使用规章、保护个人信息和知识产权、打击网络犯罪等问题发表了看法。2008年APEC领导人非正式会议声明中，领导人确认各经济体加强知识产权保护和执法的义务，重申建立知识产权综合平衡体系的重要性，继续鼓励经济体知识产权专家和执法机构加大合作力度。领导人对经济体在实施APEC反假冒和盗版倡议、改进专利体系方面取得的进展表示欢迎，并期待取得更大进展。虽然G8、APEC由于其论坛性质，没有直接创设新的知识产权规则，但领导人声明表达出一种强烈的政治意愿，这在实践中往往成为推动当今知识产权规则变迁的重要因素。

三、发展中国家和发达国家的分歧

知识产权具有排他性和地域性，发达国家因其占据着世界大量的核心知识产权，希望发展中国家极限提供知识产权保护，目的是利用其领先的知识产权制约发展中国家的经济技术发展。而发展中国家为了自身的发展不得不采取适用自身发展的知识产权保护，从而给本国企业以发展知识产权的时间。国际公约的最低保护标准一般是以发达国家的保护标准为基础的，这使得发展中国家在加入知识产权国际公约时，不得不接受发达国家的保护标准。发展中国家因为经济、技术发展水平与发达国家有很大的差距，其拥有知识产权的总量比发达国家要少得多，给予同一个保护水平可能在实质上使保护的利益失衡而对发展中国家不利。

国家间知识产权的平衡始终是一个动态的平衡，并且平衡只是相对的，因为在这种平衡的背后隐藏着实质上的不平等，尽管各国在签署和参加知识产权的国际公约方面在形式上是平等的。

第三节 “一带一路”知识产权规则制定的思考

一、沿线各国积极参与国际知识产权规则的制定

“一带一路”倡议涉及多个国家和地区，知识产权环境的复杂性和知识产权制度的差异性势必导致多层次、多领域的知识产权纠纷。在制定“一带一路”知识产权规则的时候，注重与知识产权国际规则接轨，进一步加强知识产权法律制度建设。知识产权法律制度建设不仅可以为“一带一路”知识产权战略的构建、实施以及信息库建设等提供法律依据，为“一带一路”倡议的顺利实施提供坚实的知识产权法律制度保障；而且与国际规则接轨的知识产权法律制度可以引导各国企业对国际规则的理解，防止因法律差异而导致的知识产权风险。

加大知识产权领域对外交流与合作力度。以“请进来”方式加强与“一带一路”沿线国家在知识产权领域的交流合作，提高企业开拓沿线市场进

程中的知识产权意识和能力；以“走出去”方式跟踪发达国家知识产权发展动态与趋势，学习各国知识产权发展的先进经验，加强对沿线国家知识产权制度的研究；加强与“一带一路”沿线国家之间的知识产权对话，增进相互了解，协调知识产权冲突，与沿线国家政府达成知识产权境外保护的协议、条约。同WIPO加强合作，充分发挥我国作为发展中大国的地位、作用和影响力，逐步改变发达国家主导国际知识产权制度的不公平现状，推动国际知识产权规则朝着普惠、包容方向发展。

由于“一带一路”相对薄弱的知识产权法制基础和加强知识产权保护的迫切需要，当前应当发挥多元主体作用，从多方面着手制度建设。第一，积极推进与“一带一路”沿线各国双边自由贸易协定的签署，就与经贸合作有关的知识产权保护问题首先达成共识，为后续签订专门的知识产权保护条约奠定基础。第二，积极开展与国际组织的合作，尤其是与经贸类、法律类非政府组织的合作，帮助我国搭建起与“一带一路”沿线各国开展知识产权交流的桥梁，既要向国外介绍我国的知识产权发展成就和法制现状，也要帮助中国企业开展对外知识产权合作。第三，调动“一带一路”沿线国家广大华人华侨的热情，发挥其熟悉当地法律制度和社会环境的优势，尽快在各国建立起搜集知识产权信息、预警知识产权风险的服务机构。第四，发挥国家智库的强大优势，在研究各国制度环境的基础上，形成适用于企业对外经贸合作的知识产权保护指导性意见。2016年7月，国家知识产权局发布了《“一带一路”暨拉美有关国家或地区知识产权环境报告》，应在此基础上深化为企业防控知识产权风险、提升知识产权运营能力的具体指导意见。

二、“一带一路”知识产权规则的设计原则

（一）国民待遇原则

国民待遇原则是指在保护知识产权方面，“一带一路”成员给予其他成员民的待遇不得低于给予其国民的待遇。这里的待遇有两层含义：一是成员由法律已经赋予或者今后给予的待遇；二是各条约赋予的特别权利，即各条约所规定的最低保护标准。

国民待遇原则既不要求各成员的法律一致，也不要求适用外国法律，但顾及了各成员的法律差异，尊重现实，能为不同经济制度和不同发展水平的成员所接受，因而有利于“一带一路”知识产权规则发展。

（二）最惠国待遇原则

把最惠国待遇原则引入知识产权的国际保护，是“一带一路”倡议在知识产权领域的重大举措。这主要是因为知识产权不再仅仅停留在权利的层面，它不仅与国际贸易紧密相连，而且在国际贸易尤其是发达国家的对外贸易中占有相当的比例。因此，贸易法的基本原则必然渗透到知识产权法中。

在知识产权保护上，任一成员提供给第三方国民的优惠、优待、特权或豁免，均应立即、无条件地给予其他成员的国民，这就是最惠国待遇原则。最惠国待遇原则不仅要求成员给予其他成员民不低于本成员民的知识产权保护，而且还要求给予其他任何成员民平等的知识产权保护。

（三）独立保护原则

独立保护原则是指就版权、专利权、商标权而言，一个国家给予或者不给予保护，给予何种或者何种程度的保护，不依赖于另一个国家所给予的保护，在遵守国际义务的条件下，完全依赖于本国的法律确定。当然，有人认为独立保护原则就是国民待遇的体现。

1. 版权独立保护原则

即“享有和行使这些权利不需要履行任何手续，也不论作品起源国是否存在保护，因此，除公约条款外，保护的程度以及为保护作者权利而向其提供的补救方法完全由被要求给予保护的国家的法律规定”。这包含两方面的含义：一是尽管某一作品在其起源国，由于没有按规定履行手续而未能获得著作权保护，但该作品仍可以在其他成员获得保护；二是权利的保护范围以及救济方法完全由各成员自行确定。这一原则尤其体现在那些公约规定由各成员内法加以规定的地方，如追续权、保护期限、实用艺术品的保护等。另外，这里的“除本公约条款外”，是指除公约规定的最低保护要求外。

2. 专利独立保护原则

首先，一个国家授予某发明专利权，并不能强求其他国家就同样发明授予专利权；其次，一个国家并不能因为其他国家对于某发明专利拒绝、无效、终止而对同一发明专利拒绝、无效、终止；最后，尽管国际优先权是以在其他国家的第一次正式申请为依据，似乎使在不同国家以后申请都可能与其他国家第一次申请存在某种联系，但是，在优先权期间内申请的各项专利，就其无效和丧失权利的理由以及其正常的期间而言，是相互独立的，而且，因享有优先权而取得专利的期限，与没有优先权而申请或授予的专利的期限相同，换句话说，专利期限不因优先权而受影响。输入专利是指在外国已经取得专利、从而已经丧失新颖性的发明被授予比较短期的专利。也就是说，输入专利是在现有外国专利的基础上，为了在输入专利的国家使用而授予的。输入专利的保护期限依赖于外国专利期限。

（四）禁止知识产权滥用原则

知识产权权利限制原则不仅体现在国内知识产权法中，也要贯穿在“一带一路”知识产权法中。如果说合理使用、法定许可、期限等制度是对知识产权的积极限制，那么，禁止知识产权滥用原则是对知识产权的消极限制。合理使用、法定许可、期限等制度直接限制知识产权的权能，是静态限制，而禁止知识产权滥用原则主要是限制知识产权的行使，是动态限制，并不直接限制知识产权的权能。从广义上说，禁止知识产权滥用原则也是知识产权权利限制原则的重要组成部分。

知识产权的保护和实施，既能有益于社会和经济福利，有益于技术革新和传播；也能有害于社会和经济福利，有害于技术革新和传播。美国、日本、欧盟等在自己国内法或域内法中都禁止知识产权滥用。知识产权滥用是指知识产权所有人或者持有人超越知识产权范围，违反法律，利用知识产权损害他人和社会公共利益的行为。这里的法律主要是指知识产权法和竞争法。禁止知识产权滥用就是兴其利，避其害。禁止知识产权滥用原则，在英美等国，来源于普通法系传统；在德国、日本、法国等国，来源于大陆法系传统。例如，在美国，禁止知识产权滥用原则主要来源于衡平法中的不洁之手原则（unclean hands doctrine）；在德国、日本、法国民法中，也存在禁止权利滥用的原则。但是，不论美国，还是德国、日本、法国，在制定法或者判例法中都认为，知识产权所有人或者持有人超越知识产权范围，利用知识产权进行反竞争行为，应适用反托拉斯法或者竞争法，予以规制。

三、“一带一路”知识产权规则的内容

（一）知识产权的权利范围

无论拥有何种知识产权，有必要对相关知识产权的权利内容或范围进行确认与划分，以充分理解并清晰自己所享有的权利，因此在制定“一带一路”知识产权规则的时候，必须分清知识产权的权利范围。在对权利内容或范围进行确认与划分的过程，弥补相关权利缺陷，夯实相关权利基础。

（二）知识产权许可范围

知识产权许可根据许可性质分为普通许可、排他许可、独占许可。除非特殊情形，在走出去的知识产权许可中，普通许可及独占许可均为较少采取的许可方式，大多采取的方式为排他许可。排他许可中经常面临的复杂问题是关于许可地域的限制问题，尤其是在相关产品的制造将进行国际采购、或者相关产品将从东道国进行出口的情形下，该问题更为突出。

此外，排他许可的相关约定通常也与东道国的反垄断法律可能发生关联。某些排他许可条款稍不注意，即可能与当地的反垄断法律或竞争法律相抵触。再者，再许可也关乎许可范围，是否允许再许可也是重点考虑内容之一。许可范围的明确划分不仅关乎被许可知识产权的使用及归属问题，更与企业的自身发展和未来战略规划，尤其是企业的知识产权体系息息相关。为此，许可范围不只是许可方式的选择问题，更是相关具体条款的约定将如何影响企业的投资效益及市场划定等问题。在起草或修改许可协议时，应在充分了解客户意图的基础上，在既满足投资项目的需要，又确保符合企业知识产权战略的前提下，确定许可范围，从而准确表达客户的真实意思。

（三）许可与转让

在大多数国家的知识产权法规中，许可与转让是两个截然不同的概念。许可（License）是知识产权所有权的保留，而转让（Transfer）则是所有权的转移。但某些国家的知识产权法存在有别于其他国家的特殊规定。比如，对于非专利技术，只存在“转让”概念，而没有“许可”的概念，即非专利技术的所有人只能与合作方签署“技术转让协议”而不能签署“许可协议”。除此之外，非专利技术转让协议到期后，该非专利技术属于转让方与被转让方共同所有，并且转让方不得约束被转让方使用该非专利技术。为保证知识产权的统一性与完整性，“一带一路”知识产权规则应该建立统一的许可和转让制度。

四、“一带一路”知识产权规则机制

（一）建立“一带一路”沿线国家知识产权政策交流机制

定期召开沿线国家知识产权国际合作圆桌会议，分享知识产权制度建设、战略实施、公共政策等方面的经验。包括在遗传资源、传统知识和民间文艺等“一带一路”沿线国家的知识产权优势领域，以及互联网等新兴领域，加强合作与交流。

（二）建立“一带一路”沿线国家知识产权审查服务合作机制

就专利审查业务管理等加强交流，研究建立“一带一路”沿线国家专利审查高速路合作机制，为创新主体提供更好的审查服务。积极开展知识产权信息共享和数据交换，面向公众开放数据信息资源，满足社会日益增长的知识产权信息服务需求。

（三）建立“一带一路”沿线国家知识产权执法保护协作机制

推动沿线国家加强知识产权执法方面的经验交流，交换执法信息，开展执法协作，共同保护知识产权。加强沿线国家在促进公众知识产权意识提升方面的合作，在“一带一路”区域内进一步形成知识产权保护的良好环境。

（四）建立“一带一路”沿线国家知识产权人才培养互助机制

积极开展审查和管理人员之间的交流互访，加强审查业务方面的培训合作，扩大知识产权专业留学生、进修生互派规模，加强知识产权服务业从业人员能力建设，培养更多知识产权领域的专门人才，促进知识产权事业发展。

（五）建设"一带一路"区域知识产权一体化制度

区域知识产权一体化有助于知识产品在区域里自由流动，促进贸易自由化，推动知识产权全球化的实现。构建"一带一路"区域知识产权一体化制度，一是要积极融入国际知识产权体系，充分研究国际知识产权规则与区域规则之间的冲突和矛盾；二是要坚持"互惠互利、合作共赢"的原则，充分考虑沿线国家知识产权发展状况的差异，允许不同国家实施不同的保护策略，以保证"一带一路"区域知识产权一体化的凝聚力和合理性。

（六）设立"一带一路"知识产权维权援助专项资金，建设沿线国家知识产权信息库，建立知识产权预警服务平台

"一带一路"知识产权维权援助专项资金主要用于企业境外知识产权信息咨询、法律咨询等服务，帮助企业防范境外知识产权风险。"一带一路"沿线国家知识产权信息是我国实施"一带一路"倡议的重要信息资源，而提供沿线国家知识产权信息、信息预警以及最新案例等是政府服务于企业，向企业提供公共基础服务的基本职能。使领馆、驻外经商机构也为政府履行该职责提供了便利的条件。知识产权信息库便于企业了解沿线国家的知识产权法律法规和风险状况，便于企业进行有效专利检索和专利信息查询并采取相应的知识产权风险防范策略，产生纠纷后能够采取有效的应诉措施。建立"一带一路"知识产权预警服务平台，对知识产权风险进行警示、主动防范和制订应急预案，协助企业从被动应对转变为主动防御。

（七）培育和规范与知识产权相关的行业协会和社会中介机构

境外知识产权纠纷往往涉及同一行业的多个企业，甚至整个行业，而且较之于政府，行业协会更具有灵活性，因此，企业迫切需要行业协会的引导或组织应诉。另外，企业在处理境外知识产权纠纷过程中需要求助于知识产权代理、信息咨询、法律服务等服务，需要各类中介机构的参与与支持。政府应注重培育和规范与知识产权相关的行业协会和社会中介机构，如制定有利于知识产权服务业发展的财税扶持政策，重点培育一批服务规范、诚实守信、专业化程度较高的知识产权服务骨干企业，鼓励和支持知识产权服务业向专业化、规模化和国际化方向发展；通过规范知识产权服务业从业人员的资质管理，建立职业资格证、资格审查和注册登记制度，明确知识产权服务执业人员的资质条件。

第七章 CHAPTER

“一带一路”经济规则制定难点分析

构建“一带一路”经济规则就是要形成沿线国家链接全球与区域的联动经济发展机制。现有的“一带一路”沿线国家的经济合作呈现出层次较多、范围宽泛和自由化整体水平低等特点，面对沿线国家存在着与其他全球重要经济体的利益分歧、法制的不完善、高门槛的贸易壁垒和政治经济风险等问题，“一带一路”区域经济发展互动的构建面临着重大的挑战。

第一节　参与国家众多、情况复杂、协调困难

一、政治经济发展水平差异较大

虽然"一带一路"沿线国家相互连接，具有促进各国之间区域合作的有利条件，但其经济发展水平差异巨大，既有经济发达的新加坡、马来西亚等国家，也有贫困落后的阿富汗、格鲁吉亚等国家。由于经济发展水平不一、政治动荡、历史问题等因素，尚未形成以本地区成员为主、具有广泛代表性的多边机制，制约了丝路地区区域内合作的深度和广度的提高。各成员方存在不同的利益诉求，很难达成一个统一的一体化方案，"一带一路"区域内可能出现更多不同层次的FTA并存重叠的现象。东盟部分国家的社会政治转型进程加快，中南半岛"民主化"势头不断拖累着经贸投资环境所需的政局稳定。中亚地区权威体制虽在延续，但执政根基和社会管理模式遭遇新挑战。此外，各国决策能力差异较大、政策不稳定等社会政治风险无法保证法律政策的延续和稳定。

二、需求各异

不同国家在"一带一路"的合作中有着不同的诉求。如欧洲国家为推动欧洲克服欧债危机对增长和就业的影响，2014年底出台了大规模的投资计划，即容克计划。容克计划包括三方面内容，即在不增加公共债务的情况下增加投资；支持关键领域内的项目和投资，包括基础设施、教育和研发创新；消除行业以及金融和非金融投资壁垒。容克计划的行动重点不仅与中国的"一带一路"倡议具有高度契合的特征，也与中国经济转型的方向一致。中欧在上述领域内具有各自的经验和优势，推动双方倡议的战略对接不仅有利于扩大和深化双方在多领域的互利合作，还可以增加中欧与第三方的合作机遇，实现多方共赢。当前，双方倡议的战略对接已具备现实的合作基础和先行的合作经验，并已制定了对接的短期路线图计划。但战略对接能否可持续地实现，很大程度上仍取决于中欧能否加强战略互

信，克服域外因素的干扰，在务实原则下切实推进合作。由于容克计划的行动重点也包括基础设施的互联互通，因此，与中国“一带一路”倡议高度契合，为双方的战略对接奠定了坚实的基础，有利于双方展开务实合作、扩大利益融合。

又如一些中小国家在“一带一路”合作中也有着利益诉求。中东的一些海湾产油国，虽然石油美元增强了其金融实力，但毕竟经济体量小，要想长期发展，还需要有一个强大的经济体起到带动和联动作用，才能够走得远做得大。以科威特为例，该国准备用1300亿美元在科威特北部沿海索非亚地区建立一个新城，到2035年建成后将成为连接中国与欧洲的新丝绸之路的重要战略枢纽。尽管科威特在资金上极为充裕，但还是需要一个强有力的合作伙伴，所以，当中国提出“一带一路”倡议构想后，得到了本来就有“丝绸之路”情结的科威特的积极呼应。

三、标准不同

由于“一带一路”沿线国家发展水平参差不齐，各种标准在区域内互不统一。以关税为例，在“一带一路”沿线的中亚、西亚，各国的关税水平仍总体偏高，在中亚，俄罗斯、哈萨克斯坦、乌兹别克斯坦、吉尔吉斯斯坦、塔吉克斯坦五国的平均进口关税税率分别是10%、8.6%、14.8%、10%和9.8%。在上合组织中，只有中国、俄罗斯和吉尔吉斯斯坦是WTO成员，所以在哈萨克斯坦、乌兹别克斯坦和塔吉克斯坦尚未“入世”的情况下，构建自贸区将使之在产业发展和资金、技术等方面承受压力，因此，这些国家对贸易投资的自由化、便利化态度会十分谨慎。例如，新欧亚大铁路途经多个欧亚国家，各国的轨距不同，换轨将耗费大量的金钱与时间；一些国家的港口设施较落后，各国口岸之间尚未形成合作机制，贸易便利化程度较低，物流成本偏高，这些都构成了各国货物贸易和服务贸易合作的障碍。在南亚的印度等国，关税、非关税壁垒等保护措施和较高门槛的准入政策常被用作保护本国产业的手段。

四、法律差别各异

“一带一路”沿线国家法制存在差异性和不稳定性。沿线国家法律体系和法律制度具有多样性和差异性的特点，既有属于英美法系的马来西亚、新加坡等国，也有属于大陆法系的俄罗斯、哈萨克斯坦等国，还有属于伊斯兰法系的阿富汗、伊朗等国。不同的法系有不同的特点，加之语言、习俗、宗教与文化存在差异，导致了法律制度的不同。以伊斯兰法系为例，法律规定利息属不合法的收入，金融行业禁止收取利息的贷款，所有的交易形式都只能以商品买卖合同的形式表现。“一带一路”自贸区网络的建设涉及对成员的法律制度进行协调的问题，法律体系和法制的差异性将是一个严峻的挑战。此外，沿线国家法治化程序不同，法律环境良莠不齐，不同发展水平的国家有不同的利益诉求。沿线国家大都属发展中国家，法律体系和法治水平相对落后，透明度和公正度欠缺。在如此复杂和差异的法律环境中，实现贸易投资便利化和自由化必然困难重重。国际规则缺乏相关国内法的配套与实施法律，这显然不利于保护外国投资者的利益，限制了本国与其他国家的经贸合作，势必影响到“一带一路”经济规则的制定和执行。

五、文化宗教多样

“一带一路”跨度大、范围广，是多民族、多宗教、多文明交融的网状地区，具有鲜明的文化多样性特征。由于历史的积淀，宗教在地理上的分布格局呈现出鲜明的板块化特征。中亚地区、西亚北非地区以伊斯兰教为主。中亚五国的主体民族哈萨克、吉尔吉斯、塔吉克、乌兹别克、土库曼族都信仰伊斯兰教，绝大多数是逊尼派。西亚北非的20多个国家，除以色列是犹太教国家、塞浦路斯以东正教信仰为主外，其余都是伊斯兰国家。在这些伊斯兰国家中，除土耳其、伊朗外，都是阿拉伯国家。2011年中东剧变以来，地区局势恶化，世俗化进程受挫，阿以对立加剧，伊斯兰教逊尼派与什叶派矛盾严重，伊朗、土耳其等国影响力上升，阿拉伯世界在地区格局中力量下降。

中东欧地区主要信仰基督教，此外还有伊斯兰教。信奉天主教的有波兰、捷克、斯洛伐克、匈牙利、克罗地亚、斯洛文尼亚、立陶宛七国；信奉东正教有俄罗斯、白俄罗斯、乌克兰、保加利亚、塞尔维亚、黑山、马其顿、罗马尼亚、摩尔多瓦九国；信奉基督新教的有爱沙尼亚、拉脱维亚两国；信奉伊斯兰教的有阿尔巴亚和波斯尼亚—黑塞哥维那。乌克兰危机是2013年以来这一地区最严重的事件。这一危机的原因既与外部力量的政治干预有关，也与乌克兰东西部地区的文化隔阂密切相关。乌克兰东西部之间的文化差异很大。在乌克兰，乌克兰族约占77%，俄罗斯族约占20%，东正教是第一大教，其次是天主教。2010年亚努科维奇当选总统后，没有解决乌克兰地区矛盾，东部和西部的独立日渐加剧。

东南亚地区以佛教、伊斯兰教为主，基督教、儒释道信仰等并存。半岛地区，除越南主要信仰汉传佛教外，缅甸、泰国、老挝、柬埔寨（佛教是国教）等国人民主要信仰南传佛教；海岛地区，除菲律宾主要信仰天主教（国教）外，马来西亚（伊斯兰教为国教）、印度尼西亚、文莱（伊斯兰教为国教）等国主要信仰伊斯兰教。佛教（上座部）于公元前3世纪传到缅甸和泰国，13世纪在半岛地区取得主导地位。伊斯兰教是13世纪前后传入海岛地区。

南亚地区以印度教为主，伊斯兰教、佛教、锡克教等并存。印度教是南亚主要宗教，印度教徒占南亚总人口的60%，印度约有10亿人信奉印度教。伊斯兰教是南亚地区第二大宗教，巴基斯坦、印度和孟加拉国三国的穆斯林约5亿人，约占全世界穆斯林总人口的30%。印度教主要流行于印度、尼泊尔（自2005年修改宪法，印度教不再是国教），伊斯兰教主要流行于阿富汗、巴基斯坦、孟加拉国、马尔代夫，佛教主要流行于斯里兰卡（南传上座部佛教）、不丹（藏传佛教为国教）。

南太平洋地区以基督教为主。澳大利亚约63.9%的居民信仰基督教，新西兰55.6%的居民信奉基督新教和天主教，斐济53%的人信奉基督教。除了澳大利亚和新西兰两国属于发达国家外，其余14国均为发展中的岛屿国家，称为南太平洋岛国。南太平洋岛国过去是英、法、德等国的殖民地，基督教化过程在各个岛国处于不同的阶段，但从整体上说，至今已有200多年的历史，现在绝大多数居民信仰基督新教和天主教。

“一带一路”合作面对不同文明和宗教的交流互鉴，搭建平等、多元、开放的高层次对话、交流、合作平台，有助于“一带一路”的民心相通。

第二节 与大国及相关国际组织博弈难度大

一、与相关大国战略的冲突

国际政治安全环境复杂、战争频繁延绵影响“一带一路”倡议有效实施。为了维护美国全球霸权和俄国地区势力，中美、中俄在中国、俄罗斯周边地区展开一轮接一轮的战略博弈，至今还没有明显有利于我们的国际政治安全环境，增加了“一带一路”倡议实施的国际政治安全不确定性，影响了战略的有效实施。美国、俄罗斯、日本等一些大国不愿意看到中国与欧洲、非洲以及中东地区加强经贸合作，对“一带一路”倡议进行制衡和拆台，在中国东海、南海制造事端，在中东地区挑起民族宗教仇恨和战事；印度等一些国家对我国存在战略戒备，政治、安全有不信任问题；还有个别国家以居于关键和重要地理位置而自重，对中国的倡议不愿积极配合。

（一）美国积极推动“超区域”贸易协定谈判，试图继续掌控新一轮国际经济贸易规则制定的主导权

随着国际政治经济格局的变化，以美国为代表的西方发达国家，不顾多哈回合谈判发展中国家所关注的发展议题和完善多边贸易体制的需要，将主要精力用于推进《跨大西洋贸易与投资伙伴协定》和《诸边服务贸易协定》等超区域贸易协定的谈判。从近期来看，是为了摆脱经济危机的困扰，竭力圈占国际市场；从长远来看，是试图抢占新一轮国际经济规则制定的主动权。欧美发达国家试图通过超区域贸易协定谈判制定新的规则，然后利用其在全球价值链上的优势地位，将区域规则上升为其他国家不得不接受的全球贸易规则，从而绕开以WTO为核心制定多边贸易规则的平台。

（二）大国在亚太地区的战略竞争不断加剧，东亚区域经济合作凝聚力有所下降、进展缓慢

在美国高调战略东移、推行亚太经济方略的大背景下，如何协调中美

日的战略竞争，直接影响着亚太区域经济合作的进程。最近几年，美日都提出了以自己为核心的区域合作设想，并积极争取东南亚国家的支持。日本安倍政府的所作所为，不断激化中日和韩日关系，直接影响了中日韩三国自由贸易区的谈判。长期以来，我国积极推动东亚区域经济合作，成为该地区在“冷战”结束以后保持相对稳定的重要条件，而现阶段大国之间战略竞争的加剧，却致使亚太区域合作的核心议题开始从经济发展转向安全与军事扩张。

（三）俄罗斯积极推进欧亚联盟建设，以维持和提升其在中亚地区的影响力

中亚国家与俄罗斯的政治经济关系密切，俄罗斯也在努力推动建设欧亚联盟，以整合俄罗斯与东欧中亚国家之间的经济合作关系，“一带一路”建设不可避免地会引起俄罗斯的担忧。俄罗斯国际事务委员会发布的一份报告指出，中国在中亚大力投资管道基础设施和连接中亚各国与中国东部省份的交通基础设施建设，“已经使俄罗斯在中亚经济领域中的影响严重下降，使俄罗斯丧失了作为中亚各国优先考虑的主要经济伙伴的地位”。由此可见，妥善处理与俄罗斯在中亚地区的关系，明确丝绸之路经济带与俄罗斯在东亚地区合作机制之间的互补关系，对于中国顺利推进丝绸之路经济带建设至关重要。

二、与相关国际组织功能的冲突

从涉及的地理位置上来考虑，“一带一路”包含的国家和地区相对较多，并且涉及的地域范围比较广阔，同时涉及的利益方也比较多，因此，涉及国家层面发展方向、国家政策等多方面的内容，具有时空范围广、地域跨度大以及经历时间长等多方面的特征，给战略的实施带来了较大的难度。

“一带一路”沿线国家先后不同层次地参与了多个地区性组织，如东盟、南亚区域合作联盟、海湾合作委员会、南部非洲关税同盟、欧亚联盟、上海合作组织等，参与成员大都有一定重合。这些不同层次、不同定位的

经济合作交织在一起，形成一个类似"意大利面条碗"①现象的迷局，多种规则的交织必然对区域内贸易和投资便利化明显不利。同时，也不排除某些国家利用现存的多个竞争性国际合作方案与我国讨价还价，谋求更优惠的合作条件、更大的单边利益让渡的情况出现，这对构建"一带一路"自贸区网络产生了压力和竞争。此外，"一带一路"沿线国家建立自由贸易区，与已有组织如RCEP、欧亚经济同盟和上合组织都属于广域一体化范畴，参与成员上重叠，地域上交叉，经济功能上亦有重合，它们的作用具有可替代性，其发展会相互影响和相互架空。目前，RCEP虽处于谈判之中，但不可忽视其潜在的影响，谁的谈判进程快，谁就可能设立新的贸易规则，推行有利的贸易标准，构建起占据主导地位的亚太经贸秩序，这不可避免地使"一带一路"的建设与RCEP产生竞争和摩擦，给"一带一路"经济规则的构建带来了挑战。

第三节　中国的角色定位落实较难

一、从经济层面来看，受益者与责任者的冲突

共建"一带一路"的核心任务是发展经济，通过巩固、扩大我国与中亚、东南亚等沿途国家和地区的彼此相互开放，互利合作，形成公平、统一的市场竞争环境，促进各种资源的自由流动，不断扩大经济发展规模和总量，造福于沿途各国人民。

（一）对于中国来说，一方面，中国是"一带一路"的受益者

1. 有利于加快中西部地区的对外开放

"一带一路"过程中设立丝绸之路基金，加强交通设施、油气管道、通信设施等多领域合作，加快国际通道建设，通路、通航和通商带动资本、

① "意大利面条碗"现象一词源于美国经济学家巴格沃蒂1995年出版的《美国贸易政策》一书，指在双边自由贸易协议（FTA）和区域贸易协议（RTA），统称特惠贸易协议下，各个协议不同的优惠待遇和原产地规则就像碗里的意大利面条，一根根地绞在一起，剪不断，理还乱，这种现象贸易，专家们称为"意大利面条碗"现象或效应。

技术、基建走出去，密切地区间的人员、信息和经贸往来，消除贸易壁垒，实现贸易便利化，可以实实在在地推进亚太自贸区建设，提升相邻区域的发展水平，有利于我国对外开放步伐。中国改革开放的实践表明，开放所到之处，经济即进入活跃发展阶段。西部大开发和中部崛起形成于2000年，之后，同东部沿海相比起步较晚，必须加快发展。建设丝绸之路经济带可以成为扩大中西部开放、打造中西部经济升级版的主引擎。

2. 有利于促进东部地区的转型升级和对外投资

东部地区经过40年的率先对外开放，已形成了贸易驱动型的外向型增长模式。目前，企业面临着经济结构转型和海外投资加快发展的新阶段，加快同东南亚的互联互通，加快企业产品结构的升级至关重要。东部省份应寻求与东南亚国家合作的新支点，加大经贸合作力度，以点带面，形成联动发展的新局面。

3. 有利于形成中国的辐射作用

海上丝绸之路经济带和丝绸之路经济带以中国加强与周边国家的合作为基础，可以逐步形成连接东欧、西亚和东南亚的交通运输网络，为相关国家经济发展和人员往来提供便利；海上丝绸之路经济带不仅可以巩固和发展我国同东南亚的经贸关系，同时可以逐步辐射到南亚和非洲等地区，扩大中国的影响力。共建丝绸之路经济带的倡议之所以深受中亚各国的欢迎和赞同，是因为在已有的上合组织框架下，加快推进丝绸之路经济带建设，具有良好的基础。同时丝绸之路经济带的振兴势必会形成对阿拉伯和东欧国家的辐射作用，其结果有利于新的欧亚商贸通道和经济发展带的形成。对中国来说，可以带动内陆沿边向西开放，相当于扩大西部的发展空间，有利于增强中国的影响力，可谓一举多得。

4. 有利于构筑国土安全发展屏障

摆脱以美国为首国家的不平等国际贸易谈判，寻求更大范围资源和市场合作的重大战略，被称作世纪大战略。这是中国在近200年来首次提出以中国为主导的洲际开发合作框架，将彻底摆脱原来依附大国、被动挨打的地缘政治局面。

（二）另一方面，也要看到“一带一路”倡议体现着中国的责任担当

世界发展史表明，世界经济的增长模式及其流向始终受交通运输模式的制约甚至牵引。进入21世纪，世界经济陷入停滞，其根本原因在于全球化只是世界沿海地区的全球化，世界经济的繁荣与增长只不过是世界沿海地区的繁荣与增长，广大的世界内陆地区并未真正纳入全球经济体系之中。“一带一路”倡议将创造牵引内陆地区及世界经济增长、繁荣的新物流模式和发展平台，沿途会形成发达的城镇和人口中心、经济活动中心，这些地方的丰富资源得到全面、合理开发，增大全球资源供应量，从而形成世界经济增长的另一动力。积极推动“一带一路”这一造福沿途各国人民的大事业，更体现了一个大国的责任担当。

在全球经济持续低迷、各国都在寻求经济增长新动力的背景下，中国总结自身发展经验提出“一带一路”国际经济合作倡议，将更多国家和更多资源吸引到公共产品建设中来，以便在“一带一路”沿线地区逐渐形成区域性或区域间公共产品供应的新格局，为各国经济以及社会发展奠定新基础、创造新条件，并在合作方之间建立较长期的经济协作活动。“一带一路”国际经济合作倡议展现了中国负责任大国的形象，一方面中国为全球破解发展难题提供了几乎可以说唯一有价值的方案，中国的成就、经验与支持也让这个方案更有魅力；另一方面改变了此前全球治理以发达国家为主的格局，通过“共商、共建、共享”精神，对全球治理作出发展与贡献，也是一次确立国际经济新秩序的有益尝试。

二、从技术层面来看，适应者与创造者的冲突

随着“一带一路”倡议建设的落实与深化，以及纳入第71届联合国大会协商一致通过第A/71/9号决议，“一带一路”倡议已成为构建以合作共赢为核心新型国际关系、打造发展共同体的全球新倡议。从发展愿景看，未来需要着眼于构建“一带一路”倡议的全球价值链合作机制、多边投资框架、贸易规则体制等重大的制度与规则创新，中国一方面是这些规则的创造者，另一方面也是这些规则的适应者。

（一）中国是创造者

1. 创造“一带一路”多边投资框架体系

商务部数据显示，2016年，我国对“一带一路”沿线的53个国家直接投资145.3亿美元，占同期总额的8.5%；我国企业对相关61个国家的新签合同额1260.3亿美元，占同期我国对外承包工程新签合同额的51.6%；完成营业额759.7亿美元，占同期总额的47.7%。

就当前形势看，国际投资规则主要体现于BIT和RTA中的投资规定、WTO的TRIMS和GATS有关商业存在的投资规定等。“一带一路”多边投资规则需要建立国际投资治理制度，包括保障东道国管理权利、改进投资争端解决机制、促进与便利投资、保证负责任的投资、加强国际投资协定的体制协调性等内容。

2. 创造贸易投资争端解决机制

“一带一路”区域内贸易合作水平仍处于较低水平。和欧盟、NAFTA以及东盟等在区域一体化方面取得实质性进展的地区相比，“一带一路”相关国家面向区域内国家的出口和进口在全部对外贸易中的比重比较低，区域国家经贸合作还处于初级阶段，相应的规则制度设计迫在眉睫，尤其需要重视的是，从宏观经济政策领域消除“一带一路”沿线国家因不同贸易政策造成的“政策壁垒”。关于贸易争端解决机制的安排，可以借鉴欧盟、北美自由贸易区、东盟的现有做法。考虑到目前“一带一路”沿线国家较为松散的合作现状，应该在对接现有贸易争端解决机制的同时，强调用磋商的方式解决争端，并建立区域共同专家组，以仲裁的方式解决未能协商一致的贸易争端；未来随着“一带一路”沿线国家贸易合作的日益密切，可以考虑建立区域化的协调措施，将贸易争端、投资争端、金融争端一起建立相配套的执行体系。

3. 创造标准、规则对接的一体化机制

除海关之外，跨境贸易和投资合作还涉及商品检疫检验、知识产权、产品质量和技术标准、环保标准等众多领域的标准、规则的对接与统一。同时，由于“一带一路”沿线国家之间的经济合作还处于起步阶段，各方面的横向衔接和沟通还不够通畅，通关和监管都仍在不断探索之中，实现

区域监管一体化将是一个十分重要的目标和领域。

为促进“一带一路”区域贸易畅通，必须加强区域各领域、各方面、各层次的密切合作，如国际间的双边和多边合作、国内各部门的横向合作等。在货物贸易、投资保护、原产地规则、海关手续、贸易救济、检疫措施、技术壁垒、知识产权、政府采购、劳工与环境、临时入境等不同领域，做出合理合情的制度安排，推动贸易便利化。同时，亚欧应更好地对接基础设施建设规划和技术标准，畅通基础设施骨干通道。完善的基础设施网络有助于降低交易成本，促进要素的跨境流动，拓宽贸易投资的范围，深化市场分工，促进区域经济一体化。

积极构建高标准高质量的“一带一路”自贸区网络体系。目前，我国在建自贸区20个，涉及32个国家和地区。其中，已签署自贸协定12个，涉及20个国家和地区，分别是我国与东盟、新加坡、巴基斯坦、新西兰、智利、秘鲁、哥斯达黎加、冰岛和瑞士的自贸协定等，目前均已实施；正在谈判的自贸协定8个，涉及23个国家，分别是我国与韩国、澳大利亚、海湾合作委员会、斯里兰卡和挪威的自贸协定，中日韩自贸协定，RCEP协定，以及打造中国—东盟自贸协定（“10+1”）升级版。未来逐步形成立足周边、辐射“一带一路”区域、面向全球的高标准自贸区网络，并最终建成“一带一路”自由贸易区。

此外，深化“一带一路”区域金融合作，打造货币金融合作网络。利用亚投行、丝路基金的平台优势，以及国开行、进出口银行的资金优势，应积极推进中国与“一带一路”沿线国家的多边金融合作，如深化中国—东盟银行联合体、上合组织银行联合体务实合作等，推进亚洲货币稳定体系、投融资体系和信用体系建设。这势必推动新一轮全球贸易和新型全球化的繁荣型增长，因此，相应的规则制度设计迫在眉睫。

（二）中国是适应者

这种适应主要表现在两个方面，一方面是带头遵守各种已经达成的协定规则；另一方面中国还要在力所能及的范围内推动沿线国家规则标准的提升，为现有全球经济治理规则的补充与完善。“一带一路”倡议依靠中国与有关国家既有的双多边机制，借助既有的、行之有效的区域合作平台，旨在借用古代“丝绸之路”的历史符号，高举和平发展的旗帜，主动地发展与沿线国家的经济合作伙伴关系，共同打造政治互信、经济融合、文化包容的利益共同体、命运共同体和责任共同体。“一带一路”主张通过大量的公路、铁路、港口、金融、电信等基建计划，填补东亚和欧洲这两大“繁荣极”之间的经济、政治、人文真空，中东和非洲也将从中受益。“一带一路”鼓励向西开放，带动西部开发以及中亚国家、蒙古等内陆国家的开发，向国际社会推行全球化的包容性发展理念。“一带一路”将使沿途、沿岸国家首先获益，也将改变历史上中亚等丝路沿途地带只是作为东西方贸易、文化交流的过道而成为发展“洼地”的面貌。这就超越了欧美式全球化所造成的贫富差距、地区发展不平衡的困境，从而有助于持续推动建立持久和平、共同繁荣的世界。

三、从组织层面来看，主导者与参与者的冲突

“一带一路”涉及的国家很多，国家越多利益越多元化，中国作为倡导者，理应是组织者和长期推动者，带领沿线国家参与区域发展。中国需要在全球范围内更广泛宣传“一带一路”的和平理念，需要更具全球视野和智慧的系统顶层设计。中国主动推动共建“一带一路”倡议与“一带一路”沿线国家的国家战略、发展愿景、总体规划等有效对接，寻求共建“一带一路”的合适切入点。截至2016年底，已有100多个国家表达了对共建“一带一路”倡议的支持和参与意愿，中国与39个国家和国际组织签署了46份共建“一带一路”合作协议，涵盖互联互通、产能、投资、经贸、金融、科技、社会、人文、民生、海洋等合作领域。2015年7月10日，上海合作组织发表了《上海合作组织成员元首乌法宣言》，支持中国关于建设丝绸之路经济带的倡议。2016年11月17日，联合国193个会员国协商一致通过决议，欢迎共建“一带一路”等经济合作倡议，呼吁国际社会为“一带一路”建设提供安全保障环境。2017年3月17日，联合国安理会一致通过第2344号决议，呼吁国际社会通过“一带一路”建设加强区域经济合作。中国积极履行国际责任，在共建“一带一路”框架下深化同各有关国际组织的合作，与联合国开发计划署、亚太经社会、世界卫生组织签署共建“一

带一路”的合作文件。

中国应扮演“一带一路”倡议的主导角色。中国政府对共建“一带一路”高度重视，成立了推进“一带一路”建设工作领导小组，在国家发展和改革委员会设立领导小组办公室。为落实好已签署的共建“一带一路”合作协议，领导小组办公室制定了工作方案，有步骤地推进同相关国家的合作。按照协商一致的原则，与先期签署备忘录的国家共同编制双边合作规划纲要，编制并签署中蒙俄经济走廊建设规划纲要和中哈（哈萨克斯坦）、中白（白俄罗斯）、中捷（捷克）对接合作文件，开展同老挝、柬埔寨、孟加拉国、塔吉克斯坦、沙特阿拉伯、波兰、匈牙利等国的规划对接。中国适时地召开了“一带一路”国际高峰论坛，并对已有的建设成果进行了回顾，为下一步合作奠定了方向。

第四节　与现有规则制定机构的兼容性

一、与现有规则制定机构的兼容性把握的要点

“一带一路”倡议彰显了中国日益增强的国际影响力和承担更多国际责任的大国风范，但这一战略必须建立在法治化的基础之上，通过与相关国家和地区签订一系列贸易、投资协定等法律方式来实现。这种法治化的重要体现就是注重与现有规则制定机构的兼容性，只有这样才能确保“一带一路”倡议的最终实现和长期、稳定发展。

“一带一路”经济规则制定兼容性的基本内涵是以WTO为核心，以规则为基础，开放、非歧视、公平的多边贸易体制。充分依靠中国与相关国家和地区签署的既有双边、多边贸易与投资合作机制，融入国际金融法、投资法和贸易法发展的新成果，构建亚投行及丝路基金等开发性金融机构的法律规则；以推进沿线国家的基础设施建设为工作重心，以贸易便利化为核心，通过降低关税，简化通关手续、商品检验检疫程序，制定统一质量标准等构建贸易法规则，促进本地区产品与服务的互联互通。“一带一路”倡议法治化的目标应当是，构建一个以贸易规则、投资规则和争端解

决规则为核心内容的，代表21世纪最新经济法发展成果的国际条约体系，使其成为贸易、投资法规则的集大成者。

二、“一带一路”经济规则制定的基本路径

贸易与金融“两条腿”走路。在贸易领域，中国与相关国家或地区梳理现有双边、多边贸易协定，以贸易便利化为核心，增加新内容、新举措，并借鉴国际贸易法最新发展成果，待时机成熟时推动建立与相关国家和地区的自由贸易协定；在金融领域，以建立亚投行为核心，与申请各方就亚投行建立的宗旨和目的、份额、投票权分配、决策机制、投资导向及标准、成员方资格等展开谈判，充分借鉴IMF、世界银行、亚行等现有国际金融机构的管理经验和成功做法，认真总结、汲取他们的教训和不足，将国际投资法、国际金融法的最新发展成果纳入亚投行章程和运营规则之中。

“一带一路”倡议重要内容之一的亚投行，应充分借鉴国际金融法发展的最新成果，明确以下几点。

（一）亚投行是对现有国际金融体系的补充

亚投行的建立，必将改变全球金融治理格局，但并非取代IMF和世界银行等现有国际金融机构，应当是对现有国际金融体系的补充。从规模、性质以及影响范围来看，亚投行在短期内还难以成为全球性货币金融组织，但完全可以弥补现有国际金融组织的不足，促进全球货币金融秩序的稳定，更好地为全球实体经济服务。

（二）亚投行与现有国际金融机构之间的关系是合作关系

亚投行与现有国际金融机构之间应当建立合作关系，并非相互排斥关系。应当在合作基础上，开展竞争，共同为全球经济发展作出贡献。尽管现有国际金融机构存在诸多不足和缺陷，但依然发挥着稳定全球金融秩序、促进全球经济恢复的作用。因此，亚投行建立后，应当与这些组织开展广泛合作，就全球性或地区性国际金融问题展开磋商，共同应对。在长期的运营过程中，现有国际金融组织积累了许多管理方面的经验，也形成了一些失败的教训，对此，亚投行均可在与之合作的过程中借鉴和汲取。

（三）亚投行应当建立科学、合理的决策机制

当前，国际经济组织的决策机制主要有股份制、加权表决制、协商一致等机制。IMF的决策机制采用的是加权表决制，其缺陷是美国一家独大，有权否决IMF所有重要决策。WTO采用的是“协商一致”原则，好处在于，不论国家大小，一律平等，均有权否决WTO重要决策，但其弊端也十分明显：WTO无法就国际贸易领域中的重要问题作出决定，体制僵化，多哈回合谈判至今停滞不前，与WTO现有决策机制的缺陷不无关系。亚投行应当建立何种决策机制，关乎亚投行的成功与否。应当借鉴现有国际经济组织决策机制的成功经验，汲取这些组织决策机制运行过程中的失败教训，建立科学、合理的决策机制，这种机制应既考虑各国出资的份额大小，又考虑全体成员方在决策中的话语权，区分不同事项、不同类别的决策权分配方案。

（四）亚投行应奉行的基本法律原则

公平、透明、廉洁、高效应成为亚投行奉行的基本法律原则，应当围绕这四项基本法律原则，协商制定亚投行章程条款。公平，是亚投行建立的基础和指导性原则，要求亚投行对所有成员无论大小均公平对待；透明，是亚投行决策和运行的基本特点，要求亚投行全部决策及其过程均应公开、透明；廉洁，是亚投行成功的保障，要求亚投行自身以及投融资项目必须保持廉洁，防止腐败现象发生；高效，这一原则要求亚投行及时回应成员方诉求，减少繁荣缛节，高效地为成员方提供服务，这一原则是亚投行获得广泛认可、成为21世纪国际金融组织典范的必然要求。

总之，为了顺利实现“一带一路”倡议，保证这一倡议的长期稳定发展，必须走兼容性、法治化的道路，这应当成为中国及“一带一路”沿线国家或地区的共识。应当相信，在中国与相关国家和地区的共同努力下，“一带一路”倡议必将推动全球经济治理水平的提升，必将推动国际金融、投资和贸易法律的创新和完善，成为现代国际法的典范。

第八章 CHAPTER

“一带一路”经济规则制定的建议

“一带一路”经济规则的形成与制定将更新国际经济规则运行的理念，是国际经济规则的创新与突破，代表着沿线国家国际经济规则话语权的提升。推进“一带一路”经济规则制定的发展性、阶段性和机制性协调是一个复杂系统工程，要通过相互协调、沟通、签订合作协定，也需要参与“一带一路”计划各利益攸关方构建利益共同体、命运共同体。中国应积极发挥主导作用，引领合作的规则制定与机制建设，为“一带一路”沿线国家提供更多公共产品。

第一节　我国积极引领"一带一路"经济规则的制定

一、更新观念

在"一带一路"倡议下，贸易、投资、金融、能源与航运等丰富的内容均与国际经济规则紧密关联，推动"一带一路"倡议的实施毫无疑问将形成现有国际经济规则的创新与突破。一方面，"一带一路"倡议下经济规则的架构将构成国际经济旧制度的更新，这一制度更新代表着"一带一路"沿线逐渐崛起的发展中国家追求国际经济规则话语权，将带来国际经济规则理念的更新。另一方面，推动"一带一路"倡议，创新具体的国际经济规则，同时也将助益沿线国家间对外经贸政策与法律的互通，促进对外经贸政策与法律的区域一体化，并通过借鉴WTO和世界银行的法律经验形成"一带一路"经济规则与现有自由贸易、投资与金融法律的良性互动，促进"一带一路"经贸法律与国际经贸法律不断融合，助益碎片化的区域经贸法律向一体化的国际经贸法律过渡。建设"一带一路"需要我国有关部门在对外开放的新阶段，进一步调整思路、更新观念，在引领国际合作机制建设和规则制定方面，贡献中国智慧，发挥领导作用。

（一）从"互惠互利"到"包容共享"

党的十八大报告提出"巩固睦邻友好，深化互利合作，努力使自身发展更好惠及周边国家"；2013年中央周边外交工作座谈会进一步提出"使我国发展更多惠及周边国家，实现共同发展"。这也就是习近平总书记所提倡的"坚持正确义利观，义利并举、以义为先"。作为世界第二大经济体，中国应将以互惠互利为基础的"包容共享"作为建设"一带一路"的重要原则。适当的发展援助不仅可以提升中国在周边国家的影响力，而且有利于有关合作项目的顺利开展。

（二）从"以经促政"到"政经兼顾"

从"以经促政"到"政经兼顾"，形成处理政治关系与经济合作的新思路。改革开放以来，我国在经济社会迅速发展的同时，有力带动了周边国家地区的发展，因而，促进与周边国家地区政治外交关系的稳定，往往采取密切经济联系的手段。“一带一路”倡议涉及国家多、领域广、跨度大，相关国家经济发展水平和政治状况差别较大，科学恰当地处理好政治与经济的关系至关重要。为此，要充分考虑政治关系，在理顺政治关系的基础上推进经济合作。

（三）从强调“对外开放”，到塑造“双向开放”

从强调“对外开放”，到塑造“双向开放”，为构建开放型经济新体制创造有利国际环境。我国在进一步深化对外开放的过程中，国内需要转变经济增长方式、优化对外贸易结构、有效利用外国投资、提高对外开放水平；国际上面临一些国家出于政治考虑对中国对外开放的抵制和限制。在此背景下，建设“一带一路”必须更好地统筹国内国际两个大局，在强调“对外开放”的同时，理顺开放的国际环境，塑造“双向开放”的外部环境，使我国对外开放从“积极推进”阶段发展到“自然融入”阶段。

二、加强谋划

（一）研究借鉴古丝绸之路的启示，逐渐形成“一带一路”合作的主题思想和指导原则

“一带一路”相关国家发展水平差别比较大，利益需求也各有不同，将众多国家协调在一起，需要有一个能够凝聚各方共识的主题思想和基本原则，包括处理国家之间经济关系的原则、协调政治关系与经济合作的原则、形成共识的规则、解决争端的机制等。习近平总书记指出，古丝绸之路留给我们的宝贵启示是“团结互信、平等互利、包容互鉴、合作共赢”，中国可以在此基础上，为“一带一路”建设提出更为具体的指导原则。

（二）积极发挥领导作用，引领合作的规则制定与机制建设，为“一带一路”沿线国家提供更多公共产品

“一带一路”倡议需要中国发挥领导作用。首先，因为“一带一路”是中国提出的合作倡议，地域跨度大，情况复杂，不可能寄希望于其他国家或地区组织来推动。其次，“一带一路”倡议具有独特的目标和预期，只有中国引领合作进程，才能保证各项主张的落实。最后，作为亚洲东部

地区最大的经济体，只有中国有能力承担起"一带一路"建设的重任，也只有中国具有将"一带一路"上不同国家通过经济纽带联系在一起的实力。发挥领导作用的核心是引领合作的规则制定与机制建设，提出中国方案，确定行动准则，制定行业标准，贡献中国智慧。

三、全程协调

要充分利用现有的合作机制，如上海合作组织的区域功能。促进中国与中亚国家打造"一带一路"多元合作平台，通过"一带一路"建设进一步增强上海合作组织的凝聚力与行动力。利用中国与东盟对话机制，把"一带一路"打造成为中国—东盟战略合作伙伴关系发展的新亮点。利用中国—东盟对话关系25周年契机，推动双边基础设施、自贸区升级版、海洋经济、人文交流等合作。把中国的发展战略与东盟共同体发展蓝图，东盟国家的项目和企业，以及东盟各国的双多边合作机制和平台对接起来。扩大"一带一路"建设初步成果，利用2012年启动的中国与中东欧"16+1"合作机制，打造成"一带一路"融入欧洲经济圈的重要承接地。随着更多的欧洲国家参与"一带一路"建设，欧盟将在压力下协调成员关系，最终欧盟也将逐渐成为"一带一路"的利益攸关方。

将"一带一路"建成国际经济合作的新机制，以克服国际经济秩序日益碎片化趋势。20国集团、欧盟、东盟、金砖国家组织、APEC峰会等区域经济治理机制对全球经济环境改善产生积极影响，但对治理全球经济碎片化影响力不足，对国际经济新秩序构建的推动力度也不足。"一带一路"发展战略以构建地区乃至全球合作机制为基础，倡导开放包容、和而不同，强调"和平、合作、发展、共赢"，尊重和包容不同国家需求，积极合作，互利共赢，在已有的双边或多边合作的基础上，逐步发展为区域合作机制，凸显政策沟通机制、贸易合作机制、金融合作机制的功能。"一带一路"担负国际合作新平台是经济全球化发展的必然选择。

推进"一带一路"发展性、阶段性和机制性协调是一个复杂的系统工程，既需要通过国际场合下的领导人相互协调、沟通、签订合作协定，也需要参与"一带一路"计划各利益攸关方构建利益共同体、命运共同体。

“一带一路”沿线各国充分认识该计划对发展和改善区域经济环境的意义，加强基础设施建设是关键，改善投资结构，为实现金融、贸易的互联互通奠定合作的基础。“一带一路”发展性、阶段性和机制性协调是一个长期过程，不可能一蹴而就，而是需要各方的磨合，作为“一带一路”倡议发起者的中国，一定要向各国解释、宣传“一带一路”长远的战略意义，不仅是为沿线国家带来发展的机遇，而且要为建立公正、合理的国际经济新秩序提供重要推动力，使“一带一路”建设成为促进各国发展、经济互利共赢的保证。

四、人才培训

“一带一路”投资项目的执行效果很大程度上取决于“走出去”的企业是否有既熟悉沿线国情，又了解“一带一路”政策、熟悉业务的高层次人才。“从这个意义上讲，‘一带一路’人才队伍建设的迫切性甚至超过了资金与技术的需求。”“一带一路”建设所需人才划分为三大部分：一是服务于交通、信息、能源基础设施、贸易与投资、货币金融互联互通，可以理解为工程建设和经济贸易人才；二是服务于区域性的生态环境保护、海上合作领域、政策的互联互通，可以理解为区域政治和秩序人才；三是服务于区域性的语言文化、科技人文、卫生和旅游等互联互通，可以理解为人文交流与合作人才。人才是“一带一路”建设的支点和关键，“一带一路”愿景与目标的实现离不开创新创业人才、国际组织人才、华人华侨人才、非通用语言人才、急需领域专业人才以及海外高端人才等各类人才的支撑和保障。

（一）创新创业人才

推进“一带一路”倡议，需要加强创新创业人才培养。首先，培养创新创业人才有助于缓解青年就业压力。“一带一路”沿线国家青年失业问题日趋严重，培养学生的创业精神和创业能力，将有效缓解学生的就业压力，为学生更好地实现就业提供多元选择。同时，培养学生创业能力也能充分挖掘高校毕业生的潜能，提升经济生产率。其次，培养创新创业人才有助于提升青年创业品质。近年来，“一带一路”沿线国家研发投入不断增加，科技成果也不断涌现。但是由于青年创业人才短缺，研发与市场脱节现象严重，大量科技成果被束之高阁，造成创业品质低下。高校学生是以知识为核心竞争力的独特创业群体，以创意、知识和技术为特征的创新创业赋予其不可替代的重要作用。培养高校学生创业能力，能够在高校实验室和市场需求之间架起一座桥梁，为中国经济实现创新驱动提供创业人才支撑。最后，培养创新创业人才有助于推进创业人才培养的国际合作。鼓励创业是欧洲国家摆脱经济低迷、亚洲诸多发展中国家跨越“中等收入陷阱”的重要途径。

（二）国际组织人才

随着全球化的深入发展，在国家间相互依赖不断深化的世界政治中，国际组织在各个议题领域均发挥着不可或缺的治理功能。中国是国际组织全球治理和多边合作的重要参与者、建设者和贡献者，得到国际社会高度关注的“一带一路”倡议更是为我国深化开展与国际组织合作乃至建立新型多边合作机制提供了新的历史性机遇。当前，各国在国际组织竞争的背后，是各国国家实力的博弈，而归根到底是人才的竞争。世界银行和IMF等重要国际机构的负责人长期由欧美国家“垄断”，为的就是操控国际经济事务的主导权。换句话说，谁掌握了标准和规则谁就有话语权。随着我国国家实力的不断增强，我国与国际组织的关系正在变化。中国已从国际规则的适应者，逐渐变为国际规则的制定者。在实施“一带一路”倡议过程中，加强国际组织人才的培养和国际组织的参与度无疑有助于实现中国与世界的“双赢”。

（三）海外华人华侨人才

据国务院侨办数据显示，目前，我国海外华人华侨已超过6000万人，分布在全球198个国家和地区。另外，还有3000多万归侨侨眷生活在中国各地。作为中国现代社会经济发展的重要智力资源，广大华人华侨在开拓国际经济科技合作、推动慈善捐赠事业等方面发挥着巨大作用。海外华人华侨既熟悉所在国的社会、法律、文化与风土人情，同时又极其关心和了解祖国、家乡的情况，是连接中国与“一带一路”沿线国家的天然桥梁和纽带。在“一带一路”倡议的推进过程中，充分培养、教育和发挥海外华人及新老侨民、侨友“润滑剂”、“缓冲剂”和“催化剂”的作用，将为有效、快速推进这一进程产生重要的影响和作用。

（四）非通用语言人才

政策沟通是“一带一路”建设的制度保障，民心相通是“一带一路”建设的社会根基。要实现政策沟通和民心相通，需开展广泛的政府外交、公共外交、文化互鉴、学术交流、媒体合作等，这些都对“一带一路”沿线国家的语言人才尤其是非通用语言人才提出巨大的需求。长期以来，我国高等教育对英语等主要语言教育的投入较大，而对“一带一路”沿线国家语言特别是非通用语言重视不够。据统计，与我国建交的175个国家中，所涉及语种约95种，而我国仅能开设54种语言课程。“一带一路”所覆盖的中亚、南亚、西亚等地区，涉及官方语言达40余种，而我国内地高校教授的语种仅20种。目前非通用语言人才短缺的状况远远不能满足“一带一路”建设的需要，要加大力度培养。

（五）急需领域专业人才

急需领域专业人才主要涉及项目工程、技术、经济、管理、贸易、金融、法律等领域。根据世界银行数据计算，1990—2013年期间，全球贸易、跨境直接投资年均增长速度为7.8%和9.7%，而“一带一路”相关65个国家同期的年均增长速度分别达到13.1%和16.5%。另据亚行的研究报告显示，2010—2020年，亚洲各国用于基础设施方面的投入累计约为8万亿美元，其中68%为新建项目，32%为更新维护项目，涉及能源、电信、交通、水务、卫生等诸多领域。可以预期，这些项目的建设完成，需要数十万乃至百万计的铁路、管道、电力、公路、港口与通信等产业的工程建设、设计施工、质量控制与保障、经济管理等人才，需要加强工程、政治、经济、管理等各领域的专家协作。

（六）海外高端人才

推进“一带一路”倡议对我国软实力的提升特别是海外高端人才培养提出了更高的要求。改革开放以来，我国来华留学规模稳步扩大，来华留学生源国家和地区数不断增加，层次越来越高，专业选择也趋于多样化，但参照“一带一路”建设目标，来源国结构与专业结构仍有待进一步优化。

“一带一路”所经国家众多，空间辽阔，地理、民族、历史、文化、宗教、政治差异极大，国情民意极为复杂，培养既熟悉、理解中国文化，又熟悉本国及本区域历史、地理、语言、文化、宗教、政治等方面的高端人才，对于实现“一带一路”的宏伟愿景显得至关重要而又迫在眉睫。

总之，根据“一带一路”建设的需要，以“内生”与“外延”双轮驱动的路径，努力履行人才培养的使命和责任。

第二节 “一带一路”经济规则制定的实施建议

一、建立“一带一路”发展联盟

建立“一带一路”发展联盟，推进“一带一路”国际合作高峰论坛成果交流、协调的机制。一方面，在“一带一路”倡议下，区域内的双边或多边贸易、投资、能源等协定发挥着国家间经贸政策互通的作用，在诸多重叠交叉的双边或多边协定之上，拓展至区域甚至跨区域的经贸协定易于实现。另一方面，“一带一路”倡议经贸法治化应吸收和借鉴现有的多边贸易体制成熟的规则经验。特别是“一带一路”沿线国家对外经贸法律与政策对通行国际经济规则的遵循与市场规律的认知均需取决于现有的多边贸易和金融机制与规则，在借鉴的基础上，生成符合“一带一路”特殊情况的经济规则，继而充实国际经济规则体系。而这一过程要依赖的便是不断完善和发展的“一带一路”国际经济规则，具体包括基础设施合作、投资与贸易、金融与争端解决规则等支撑“一带一路”倡议推行的一整套国际经济规则。

2017年5月的“一带一路”国际合作高峰论坛圆桌峰会上，中国与沿线及相关国家对接全面展开，包括战略对接、政策对接、规划对接、机制对接，同40多个国家和国际组织签署的合作协议，同30多个国家开展的机制化产能合作等。

（一）发展战略对接

推动各自发展战略同“一带一路”倡议有效对接，已成为近年来沿线及相关国家的共识。目前，“一带一路”倡议已分别与俄罗斯“欧亚经济联盟”、欧洲“容克计划”、哈萨克斯坦“光明大道”等国家和地区的战略规划对接。2015年5月，中俄签署《关于丝绸之路经济带建设和欧亚经济联盟建设对接合作的联合声明》。2015年6月，中欧共同投资基金和中欧互联互通平台成立，分别对接“一带一路”倡议和“容克计划”“泛欧交通运输网”。2016年9月，中哈签署《“丝绸之路经济带”建设与“光明之路”新经济政策对接合作规划》。与此同时，蒙古国“草原之路”、越南“两廊一圈”、柬埔寨“四角战略”等也正加快同“一带一路”倡议对接。此次高峰论坛上，中国与多国政府及相关部门就宏观战略合作达成协议，其中包括与蒙古国等11国签署政府间“一带一路”合作谅解备忘录。与会的其他国家领导人也纷纷表达了合作意愿：土耳其总统埃尔多安表示，希望土耳其的“中间走廊”倡议能够成为“一带一路”倡议的重要组成部分；菲律宾总统杜特尔特称，“一带一路”倡议和菲律宾目前正在推进的“2017—2022发展规划”十分契合，特别是在基础设施建设方面，菲律宾愿将该计划与“一带一路”倡议积极对接，加深两国务实合作，实现共同发展；瑞士联邦主席洛伊特哈德也表示愿在共建“一带一路”倡议框架下加强政策沟通和发展战略对接。

（二）发展规划对接

除宏观层面的合作共识外，中国还与多国政府及相关部门就具体领域的合作达成一致，主要覆盖设施建设、贸易往来、金融合作以及人文社会四类共计 52 大项，成为推动“一带一路”建设的重要抓手。阿根廷驻华大使盖铁戈会前表示，阿根廷愿意从两方面参与“一带一路”建设：一是阿根廷希望成为亚投行的成员，参与投资大型基础设施。亚投行及其覆盖全世界的通信网有助于“一带一路”突破区域限制，并囊括拉美地区的大型基建项目。二是参与中国与包括非洲及中亚国家在内的其他国家的合作，尤其是在基建、科技和食品供应相关领域。

（三）机制平台对接

为推动与“一带一路”倡议的联络沟通及对接，沿线及相关国家正逐步完善机制化平台建设。2016年12月，马来西亚“一带一路”中心在吉隆坡成立，旨在帮助马来西亚工商界了解“一带一路”倡议、把握合作发展契机。该中心主要负责开展与“一带一路”倡议相关的调研工作，为企业提供咨询，协助企业开拓市场，并在政府和企业间进行商业对接。2017 年 4 月，保加利亚“一带一路”全国联合会在索非亚成立，旨在进一步加强中保在“一带一路”建设方面的合作。保加利亚外交部亚太司司长奥尔贝佐夫表示，该联合会将在推动保政府部门和公众更全面地了解并参与“一带一路”方面发挥强有力作用。2017年5月，美国总统特别助理波廷杰在参加高峰论坛时透露，美国驻华使馆和美国企业已共同成立了美国“一带一路”工作小组，它将在中美合作中充当联络点角色。同月，涵盖印度尼西亚、中国、马来西亚三国商界的“一带一路”总商会在印度尼西亚成立，总会长印度尼西亚前驻华大使易穆龙表示，未来该商会还将拓展到东盟其他成员，以求共同参与“一带一路”建设。

（四）建设丝绸之路沿线文化组织合作对接，打造新闻合作联盟、音乐教育联盟

文化先行一直是共建“一带一路”的首要遵循，人文交流与合作为“一带一路”建设沟通了民意，凝聚了共识。在“一带一路”国际合作高峰论坛上，习近平总书记提出要将“一带一路”建成文明之路，要以文明交流超越文明隔阂、文明互鉴超越文明冲突、文明共存超越文明优越，推动各国相互理解、相互尊重、相互信任。在高峰论坛“增进民心相通”平行主题会议宣布启动《中国社会组织推动“一带一路”民心相通行动计划（2017—2020）》、“丝路沿线民间组织合作网络”以及“增进‘一带一路’民心相通国际智库合作项目”。这些项目的运作加强了沿线国家教育、科技、文化、卫生、旅游、体育等领域交流合作，搭建了更多合作平台，开辟了更多合作渠道。

“一带一路”倡议提出以来，中国已经与沿线67个国家签署了广播影视合作协议，中国广播影视秉持“共商共建共享”的精神，发挥信息传播、文化交流的独特作用，与沿线各国媒体通过全方位的务实合作，不断夯实“一带一路”建设的社会根基和民意基础，共同努力塑造和谐友好的文化生态和舆论环境。高峰论坛会议期间，还举行了“一带一路”新闻合作联

盟启动仪式，中国中央电视台和菲律宾人民电视网、蒙古国家电视台、巴基斯坦国家电视台、乌克兰国际广播多媒体平台代表参加。该联盟由中国中央电视台倡议成立，已有18个国家的23家主流媒体加入，中方将与沿线各国媒体在新闻交换、新闻报道支持、媒体前沿领域开发等领域开展合作。

“一带一路”沿线文明多样，文化上的差异和误解会阻碍其他方面的合作，而音乐可以跨越民族、文化、地域和历史，能够促进各国文化互鉴，增进彼此间的文化认同和互信尊重，对各国的国家富强、民族繁荣、人民幸福具有基础性和先导性作用。可以说，音乐是联通中国与“一带一路”沿线国家的桥梁和纽带。“一带一路”沿线国家音乐资源十分丰富，各自独特的音乐文化、优秀的作曲家、大量的民族民间音乐作品都是我们进行研究的资源和对象，值得深入挖掘。通过对这些音乐文化研究，并将其研究成果进行活态化传承，再与沿线国家进行交互式、立体化合作，创作出一些反映沿线各国人民现实生活和美好期盼的时代优秀作品。“一带一路”音乐教育联盟2017年5月初由中国中央音乐学院发起成立，吸引了来自印度尼西亚、罗马尼亚、吉尔吉斯斯坦、乌兹别克斯坦、哈萨克斯坦、土耳其、爱沙尼亚、越南等近20个“一带一路”沿线国家音乐学院的院长、学者和音乐家参加。

二、加快实施“一带一路”国家中自贸区建设

推进贸易投资自由化与便利化是“一带一路”倡议实施的基本方向。尽管构建“一带一路”自由贸易区网络面临着诸多挑战，但中国作为“一带一路”倡议的倡议者和引领者，应着眼于长远发展，积极参与和主导国际经贸新规则的制定，加快与“一带一路”沿线国家商建自由贸易区，构建立足周边、辐射“一带一路”、推动区域经济一体化到面向全球的高标准自由贸易区网络。

（一）构建的核心目标

构建“一带一路”自贸区网络应服务于“一带一路”的战略目标，服务于我国新一轮的对外开放，拓展和构建国际经济合作空间和秩序，为区域经济一体化提供强劲动力，合力打造政治互信、经济融合、文化包容的

利益共同体、命运共同体和责任共同体。

由于"一带一路"沿线国数量众多、经贸安排层次多、社会经济发展水平和法律制度差异较大,"一带一路"自贸区构建只能循序渐进,不宜实行统一和硬性的制度安排;通过与沿线国家和组织以创新的合作模式,实现区域法治治理,将已经形成的中国—东盟自贸区、南盟自贸区、海合会自贸区、上合组织等一个个"节点"连接形成"链条",沿着"双边、诸边、区域"的路径,由点到面,从线到片,与沿途国家开展不同层次、不同领域的双边和区域合作,共同推进区域经贸发展,最终编织成一张立体的以中国为主导、辐射"一带一路"的跨区域的高标准自由贸易区网络。

(二)构建的原则

在"一带一路"自贸区网络构建中,我国应树立国际法治的意识,将国际法治思维贯穿在建设过程的始终;应遵循各国主权平等的原则,体现合作共赢宗旨及打造命运共同体和利益共同体的理念,以协调、协商和政策沟通的方式推进。

1. 国家经济主权和共赢互信原则

"一带一路"沿线国家由于地域和历史文化的不同,在政治体制、资源禀赋、经济发展水平、宗教信仰以及民族文化传统等方面存在着较大的差异,要实现区域内的贸易投资自由化必须尊重主权,以互信为基础、合作共赢为目标。各国均是"一带一路"平等的参与者和建设者,我国与沿线国家商谈不同类型和不同层次的自由贸易协定时应照顾彼此的利益关切,要通过对话磋商和协作机制建立互信,传承历史上丝绸之路兼容并包的精神,与沿线国家合力打造平等互利、合作共赢的利益共同体和命运共同体的新理念,展现中国发展区域共赢合作的新理念、新蓝图、新途径和新模式。

2. 坚持"先易后难、重点突破、逐步推进"的原则

自由贸易区战略是个项目复杂的系统工程,必须以战略协调、政策沟通为主加以推进,应充分利用现有的双边和区域合作机制安排的基础,完善、开拓和商谈新型的多层次区域合作机制。对于较难达成一致的协议或特定的谈判伙伴,可以选择某些行业和部门在容易达成共识的领域取得突

破，逐步取得互信后推进更深层目标。在地缘政治风险和大国博弈风险较大的区域，应照顾到各国的适应度，可采取选择特定对象进行重点突破的策略，同时，以经济走廊、贸易投资便利化、经济技术援助、投资融资模式等各种可供选择的方式，将优势互补转化为务实合作，逐步与沿线国家形成贸易投资自由化和便利化的区域合作机制。

3. 坚持规则导向的原则

“一带一路”倡议构想旨在与沿线国家分享中国经济潜力，这不仅是我国发展的需要，更是惠及沿线国家繁荣发展的重要路径。“一带一路”倡议的推进必须坚持规则导向，以实现国际区域法治的方式进行。我国要从贸易大国走向贸易强国，构建新型的国际合作发展空间和秩序，必须以规则和区域国际法治引领区域的合作和共同发展繁荣。“一带一路”自由贸易区网络的构建是中国从国际规则被动接受者向规则的制定者转变的实践过程，只有掌握国际经济新规则的制定权和话语权，才能从参与者转变成引领者；只有倡导国际经济合作新理念，构建起区域的乃至国际的经济新秩序，才能彰显负责任大国的形象，推动世界的持久和平、普遍安全和共同繁荣。

（三）宏观层面的构建

“一带一路”涉及的国家众多，这就要求中国的“一带一路”自贸区战略必须依据开放的需要，找到共同利益点，尊重沿线各国之间的异质性，打造多层次多类型的自贸区网络。一方面，我国与经济发展程度较低的国家，通过承诺过渡期、部门贸易自由化以及“早期收获计划”、框架协议等多种合作形式，先达成低起点的浅层次一体化协议；另一方面，应逐步理解、接纳与践行基于高标准的贸易和投资政策规则，重新审视与评估传统贸易政策，逐步提升“一带一路”自由贸易协定的水平，打造以贸易新议题与规则为主的深层次经济一体化的中国—东盟自由贸易区升级版，包括积极支持RCEP的谈判，与区域内经济发展水平较高的国家签订高水平的FTA。此外，由于当前“一带一路”沿线区域内FTA数量众多、水平参差，为协调和统筹“一带一路”自贸区的网络建设，我国应组建由商务部和国家发展改革委员会牵头的“一带一路”自贸区网络建设协调委员会，以推进自贸区战略的成型与成熟。“一带一路”自贸区建设应采取全面推进、重点突破、多层次融合协调整合的战略，逐步形成布局合理、覆盖全面、呈放射状形态分布的区域一体化网络，其主要包括两个方向：一是南向东南亚、南亚，加快推进RCEP谈判，提升现有中国—东盟自由贸易区投资贸易便利化和自由化水平，深化与东盟的经济合作关系，并将建设中巴经济走廊和孟中印缅经济走廊作为重要节点，辐射南亚地区，推动中—巴自贸协定第二阶段谈判，连通商谈中国—南盟自由贸易区以及中国—印度自由贸易区。二是西向中亚、俄罗斯和中东欧，推动上合组织自由贸易区可行性的研究，早日启动中国—中亚自由贸易区的谈判，打通从中亚到印度洋和波斯湾的交通运输经济大走廊；创造条件加快与海合会的自贸区谈判，通过海合会辐射西亚地区。

（四）“一带一路”自贸区网络构建的策略

1. 加快推进高水平自贸协定的谈判

“一带一路”自贸区网络建设是全面的、高质量的贸易投资自由化和便利化的进程。我国自贸区建设虽取得了一定成绩，但在涵盖范围、开放程度和规则水平等方面还存在较大的提升与发展空间，之前缔结的FTA过分强调货物贸易领域的自由化而忽略了其他问题，包括非关税壁垒、服务、投资、知识产权、政府采购和竞争政策等。因此，在与“一带一路”沿线国家商谈FTA时，应进行宽领域多议题的磋商，并着重进行贸易和投资自由化、便利化议题的谈判。这方面可借鉴美国的谈判策略，通过给予更优惠的关税减让，以换取在关键部门的准入开放。中国应进一步研究和明确自身在缔结FTA过程中的攻势利益和守势利益，认真分析在贸易和投资领域可以得到的利益和可以做出的牺牲，如果潜在的缔约国在贸易方面对中国有很大的需求，中国应该抓住主导权和话语权，同时磋商贸易和投资问题，并且应向对方提出更多适当的要求。除此之外，我国还应及时总结《中国—东盟自由贸易协定》升级版谈判和中巴经济走廊建设过程中的经验，复制推广到与其他沿线国家的谈判和协定商签进程中，推动区域内投资和贸易的自由化和便利化。

2. 设计弹性的中国版的FTA“范式”

我国应以全球视角主动谋划和设计符合我国总体和长远利益的FTA“范式”，把现行区域、诸边和双边协定条款反复过滤，确定这些条款的聚合点和不同点，从而提取出中国FTA的范式，即采取统一综合式文本，在一个FTA文本中包括所有内容，并一次完成这些内容的谈判。这些内容应该包括三大方面：贸易自由化、贸易与投资便利化以及经济及其他相关领域的技术合作。

当然，在中国FTA范式的拟定过程中，我国应该认识贸易自由化和便利化的标准尚不能完全统一，但是针对贸易协定的术语、格式和体例能够建立起相对固定的范本，以增强贸易的可预见性。在制定过程中，范本的打造宜粗不宜细，根据不同经济发展水平的国家制定弹性的“范式”条款。一方面，针对沿线经济发展相对滞后的发展中国家，在总结现有的FTA的基础之上，设计低门槛的FTA范式条款，如通过设置过渡期和例外等条款，克服发展不平衡带来的不利因素，分阶段实现更深层次的区域经济一体化。另一方面，由于沿线发达国家已经具备条件和基础来接受、满足和执行更高标准的深层次经济一体化条款，可设计高标准的FTA范本（例外条款较少、议题覆盖面较为广泛），以此推动以贸易新议题与标准为主的深层次经济一体化。需要注意的是，由于FTA的各缔约方既不能预见未来的每一个意外情况，也不能记录下每一个细节。因此，在设计FTA范本时，一方面需要保持可预测性和稳定性，另一方面需要具有灵活性和适应性，在这两者之间寻求“和谐”。中国要确立FTA范本，但并不是要给所有的FTA伙伴订立完全一样的条款，只是对原则、形式、内容、顺序以及语言等可以确定的方面进行规范，但对于具体的内容或者侧重点仍需要具体问题具体分析，要保证足够的灵活性和适应性。

3. 与区域内重要经贸安排的融合与协调

“一带一路”自贸区网络与其他重要的区域集团，如南亚区域合作联盟、海湾合作委员会、南部非洲关税同盟、欧亚联盟等虽然是不同的架构，有一定竞争关系，但并非不能共存。它们都有各自存在的合理性，并不是一个相互排斥不能相容的状态。如俄罗斯主导的欧亚联盟与“一带一路”建设不是二选一的关系，我国应避免战略冲突，对欧亚联盟应顺势而为。“一带一路”自贸区网络应与其他重要的区域集团形成伙伴关系，相互支持与合作。“一带一路”自贸区网络应对其他重要的区域集团经济一体化表示理解和支持，实现对接与整合。从长远来说，“一带一路”自贸区网络与其他重要的区域集团在经济功能上存在着某种连接和整合的可能性，同一些国家内的多个经贸安排可以殊途同归，并努力实现经济多样化发展长期目标。金融合作与贸易畅通直接相关，“一路一带”的建设面临着巨大的资金需求。因此，自由贸易区网络的建设必须加强与亚投行、丝路基金、金砖国家开发银行和中国—东盟合作基金、上合组织等的金融合作，扩大包括本外币结算和互换等合作，推进人民币区域化合作，发挥金融对贸易投资自由化便利化的支撑作用。

4. 与其他重要经贸安排的互动与衔接

从中国利益和“一带一路”涉及的国家和地区的共同利益出发，中国要努力推动融合欧亚大陆甚至欧亚非大陆的经济整合，走互惠互利的发展共赢之路。如欧亚经济共同体和上合组织成员、观察员国大都处于丝绸之路经济带，加强合作和互动可以使有关国家获得更大的发展空间。强调全面的市场准入标准，建立以负面清单为基础的市场准入政策，其涉及诸多新的贸易问题，如环境问题、劳工标准、信息技术、新电子经济、透明与竞争性的市场环境等。同样，“一带一路”自由贸易协定也应当关注这些新的贸易议题和新贸易规则，为进一步推动整合重要经济体参与的亚太自由区的目标实现奠定基础。但同时我们也应看到沿线国家经济发展水平的差距，应循序渐进扩充FTA的领域，逐步理解、接纳与践行基于全球价值链的现代高标准与高质量的贸易和投资政策规则，重新审视与评估传统贸易政策，逐步提高FTA的质量水平。除此之外，“一带一路”自贸区网络建设还必须与区域内各国法律制度相协调。国际法与国内法的相互影响、相互作用，既推动了国际法的发展，也促进了国内法的变革和完善。自由贸易规则的执行有赖于国内法，各国国内法的协调又促进了自由贸易规则的形成，因此应当促进各国国内法制与自由贸易区规则进行协调和融合，区域内法治水平较高的国家应该对法治水平较低的国家提供技术支持以保证这些国家对自由贸易规则的理解和遵守。如此才能进一步克服空间障碍、社会制度和社会意识形态等方面的障碍，在全球范围内实现充分的交流、沟通，互相借鉴和吸收优秀的法律成果，进而在法律理念、法律价值观、执法标准与原则乃至法律和法制方面达成更多的共识或向趋同的方向发展。例如，我国在上海、天津、广州和福州建立国内性质的自由贸易试验区，在货物贸易转型、市场准入、投资贸易自由化便利化、金融国际化等领域以高标准先行先试，可复制的经验可以对接“一带一路”沿线国家自由贸易区网络。下一步还可考虑在云南设立面向东南亚和南亚市场的边境自由贸易试验区，在宁夏建设中国—海合会自贸区先行区，鼓励在新疆设立中国—中亚自由贸易区，全面实施贸易投资自由化政策，通过国内试点改革，逐步探索达成高水平、高标准、深层次的自由贸易协定网络，促进与全球经济的深度融合。

三、构建“一带一路”物流网络

“一带一路”物流网络体系主要包括物流通道、物流节点等内容的架构与方案设计。

（一）物流通道

“一带一路”物流通道主要有六条：亚欧大陆桥物流通道，中蒙俄物流通道，中巴物流通道，孟中印缅物流通道，中国—中南半岛物流通道，海上物流通道。如果说“一带”与“一路”是两翼，那么这六条物流通道则是连接两翼的龙骨，使“一带一路”成为覆盖欧亚大陆，联通太平洋、印度洋与大西洋的大网络。

1. 亚欧大陆桥物流通道

亚欧大陆桥物流通道是主要依托亚欧大陆桥、新亚欧大陆桥两条铁路所形成的横跨欧亚大陆的物流大动脉，也是联通太平洋和大西洋的陆上物流大动脉。根据目前已形成的和未来形成的物流流向，亚欧大陆桥物流通道可分为三个方向。

一是依托亚欧大陆桥或西伯利亚大陆桥的物流通道，起自俄罗斯东部的符拉迪沃斯托克，横穿西伯利亚至莫斯科，再至欧洲，最后达到荷兰的鹿特丹港，经过俄罗斯、哈萨克斯坦、白俄罗斯、波兰、德国、荷兰六个国家，全长约13000千米。由于亚欧大陆桥铁路运营时间较早，特别是较早采用了多式联运方式，该物流通道也较早地发挥了联通欧亚大陆的作用，但其主要是联通俄罗斯东部和西部地区、俄罗斯西部和欧洲地区及少部分日本至欧洲的陆路运输，覆盖国家少，辐射范围窄，物流量相对有限。

二是依托新亚欧大陆桥的物流通道，起自我国的连云港，途径哈萨克斯坦、俄罗斯、白俄罗斯、波兰等国，直达欧洲，最终到达荷兰的鹿特丹，全长10900千米，辐射亚欧大陆30多个国家和地区，成为横跨亚欧两大洲、连接太平洋和大西洋、实现海—陆—海统一运输的第二条国际大通道。与亚欧大陆桥相比，新亚欧大陆桥地理位置和气候条件更加优越，港口无封冻期，吞吐能力大，陆上距离更短，经济成本更加明显，且辐射面更广，因此物流需求更大。随着新亚欧大陆桥建设的推进，目前该通道的起点已远不止连云港一个城市，我国东部各主要沿海城市都与新亚欧大陆桥形成了联通，这些城市又与东南亚国家与地区通过海上航线相连，形成了多条新亚欧大陆桥物流通道的延伸线。同时，我国中西部的乌鲁木齐、西安、武汉、重庆、南宁、郑州等城市也能经阿拉山口、霍尔果斯等口岸与新亚欧大陆桥物流通道相连接，把我国广大中西部地区纳入新亚欧大陆桥物流通道中，进一步扩大新亚欧大陆桥的辐射范围，推进沿线地区由物流至经济的全方位互联互通。

三是未来拟推进的由我国至中亚和波斯湾地区的第三条物流通道。中亚、西亚地区能源资源十分丰富，中国、欧洲对该地区能源资源均有较大需求，该条物流通道建设十分必要。这一物流通道可能有两个方向：一是从我国霍尔果斯、阿拉山口等口岸出境后至哈萨克斯坦，再由哈萨克斯坦南下至土库曼斯坦、伊朗，最后向西至土耳其。二是由我国喀什通往吉尔吉斯斯坦，再进乌兹别克斯坦（中吉乌铁路），最后南下伊朗并至土耳其。这一通道有助于形成欧亚大陆中部地区能源资源供给、两端的东亚和欧洲生产加工的物流大循环。

2. 中蒙俄物流通道

中蒙俄物流通道是起自我国京津冀和东北地区，经蒙古通往俄罗斯，联通三国的物流大通道。该物流通道主要有两条路线：一是从华北京津冀地区到呼和浩特，再到蒙古和俄罗斯，最终可到俄罗斯的波罗的海沿岸。二是从我国东北地区，经满洲里和赤塔通往俄罗斯。这两个通道互动互补，共同构筑成中蒙俄三国经贸往来的大动脉。中蒙俄三国经济互补性强，蒙古、俄罗斯矿产和能源资源较为丰富，而中国是全球最大的资源能源进口国之一，是蒙俄两国资源能源产品出口的重要市场；中国制造业较为发达，蒙俄两国对中国轻工产品具有较高的依赖度。产业结构互补决定该物流通道将具有较大的双向物流需求量。

3. 中巴物流通道

中巴经济走廊是“一带一路”建设的旗舰项目。随着中巴基础设施互联互通建设的逐步推进，中巴物流通道逐步形成雏形，并将发挥越来越大的作用。该通道起自我国喀什，通过红其拉甫口岸进入巴基斯坦，经伊斯兰堡、拉合尔，至印度洋的瓜达尔港。该通道向东可延伸至我国内陆地区，向西可进入伊朗、伊拉克和土耳其，向南可进入印度洋并与海上丝绸之路对接，成为我国向西开放、巴基斯坦向东开放的战略大通道。这条通道一方面有利于我国西北特别是新疆对外开放，相比新疆过去经由西太平洋水域与南亚、中东和非洲的贸易往来将缩短上万千米；另一方面，该通道也是能源物流通道，来自中东的油气资源可由瓜达尔港登陆。该物流通道建设有利于形成我国后方新的能源运输通道，保障我国能源安全。

4. 孟中印缅物流通道

南亚地区人口多、面积广、发展潜力大，未来将成为世界经济的重要增长极之一。除中巴物流通道外，孟中印缅物流通道是中国与南亚和印度洋地区联通的另一条大动脉。孟中印缅物流通道起自我国昆明，向西经缅甸、印度东北部地区、孟加拉国至加尔各答，一边可通过云南辐射我国内陆广大地区和中南半岛地区，另一边可辐射印度腹地地区，联通南亚、东亚、东南亚三大经济板块。孟中印缅物流通道可以有四条线路：北线从昆明经腾冲至缅北的密支那，经雷多口岸进入印度东北部，再向南至孟加拉国的达卡和印度的加尔各答；中线从昆明经瑞丽口岸至缅甸曼德勒，再向西经印度东北部的英帕尔至达卡和加尔各答；南线包括两条线路，一条由昆明经曼德勒至皎漂港，再北上至吉大港、达卡和加尔各答，另一条由昆明至曼德勒后，向南到缅甸仰光。虽然中国西南地区、印度东北部地区、缅甸、孟加拉国相对而言均不发达，但如果建成孟中印缅物流走廊，将会显著增进各国经贸联系，并将加快这一地区融入全球经济大循环的步伐。

5. 中国—中南半岛物流通道

中国—中南半岛物流通道起自我国的广东、广西、云南等省（区），南下贯穿越南、老挝、柬埔寨、泰国和马来西亚等中南半岛五国，直抵新加坡。现阶段，中国—中南半岛的物流形式以海运和部分边境公路运输为主。海运上，我国珠三角、北部湾及长三角港口群可从海路直接与除老挝外的所有中南半岛国家对接；公路上，我国广西和云南可直接通过边境口岸与越南、老挝对接，进而向南辐射到泰国、柬埔寨等地。近期，中国与中南半岛国家的铁路建设取得重大进展。2015年8月，中泰两国达成意向修建中泰铁路，该铁路北起昆明南至泰国曼谷，未来将进一步延伸至马来西亚和新加坡，并与中老铁路、中越铁路等共同构成我国与中南半岛互联互通的铁路网。

随着铁路建设的推进，未来铁路物流将在该通道中发挥更加重要的作用，形成以铁路物流为主，公路物流、海运物流为补充的中国至中南半岛的南北向物流格局。

6. 海上物流通道

我国海上物流主要有两大方向：一是从我国东南沿海出发，向南经我国南海，过马六甲海峡，向西经印度洋到波斯湾，这一条是我国的能源资源物流大通道，伊朗、伊拉克、沙特等国丰富的石油资源可通过海运运抵我国。二是从我国东南沿海出发至印度洋后，向西经苏伊士运河至地中海地区和欧洲，这是我国与欧洲、南亚、东南亚、东非的商品货物贸易物流大通道。

从战略上看，我国向东进入太平洋的战略通道不畅，因此，向西的“一带一路”海上物流大通道成为我国的生命线和补给线。但无论哪条线路，都要经过狭窄的马六甲海峡，马六甲困局成为制约我国海上物流通道建设的重要瓶颈。

未来，随着“一带一路”陆上五大物流通道作用的增强，陆海物流互动格局将会逐渐形成，马六甲的战略压力将被分摊，我国将会形成更加均衡的物流格局。

随着我国对外开放格局、区域经济发展格局的变化，相伴而生的国内物流发展格局也在发生变化。“一带一路”是统筹国际国内的建设构想，因此，“一带一路”物流体系建设也包括与国内物流通道对接的内容。当前，我国国内物流通道主要从以下四个方向与“一带一路”物流体系进行对接。

一是向西，我国内陆广大地区均可对接新亚欧大陆桥，发展与中亚、欧洲的贸易物流。目前，我国已开通了渝新欧、汉新欧、郑新欧、蓉新欧、义新欧、合新欧、湘新欧、苏新欧等多趟直通欧洲的集装箱班列，未来全国各地均可通过“X新欧”的形式向西出境，形成向西开放新格局。

二是向东，我国的环渤海、长江三角洲、海峡西岸、珠江三角洲、北部湾五大港口群可通过密集的海运线路与东南亚、南亚、中东和欧洲形成通畅的物流网络。同时，中西部地区也可通过铁路、公路和水运网络与东部港口联通，向东出海。长江流域各省可依托长江经济带综合立体交通走廊，建设长江沿线流通大通道，使“一带一路”和长江经济带实现对接。京津冀地区也可通过沿海港口扩大对沿线国家的开放，形成世界级大城市群和大首都经济圈，使“一带一路”和京津冀实现对接。

三是向北，充分发挥满洲里、二连浩特等口岸的重要作用，打通我国东北、华北乃至整个腹地地区进入蒙古、俄罗斯的战略通道，使我国内陆地区与中蒙俄物流通道对接，为我国东北地区扩大开放、实现振兴创造空间。

四是向南，着重打通京港澳、沪昆、呼昆、珠江西江四大国内物流通道，加速推进我国内陆地区通过广西、云南、广东、港澳等沿边沿海地区与孟中印缅物流走廊、中南半岛物流走廊对接，辐射东盟和南亚。

（二）物流节点

物流节点一般指资源高度集中、辐射力强、区位优势明显的重要城市、港口等。物流节点的选择要结合物流通道的设计，考虑物流流量、结构、方式，形成支撑有力、层次清晰、串联畅通的物流支点体系。

1. 重要城市

“一带一路”物流节点重要城市的选择要考虑物流需求量、区位条件、物流承载和中转能力等多重因素。一般来说，具有较大的经济总量和人口规模、能产生较大物流需求的城市，处于交通要道和具有广阔通达范围的城市，具有良好物流基础设施、能承载大规模物流中转的城市，可成为“一带一路”物流节点城市。在亚欧大陆桥物流通道上，可重点发挥阿斯塔纳、莫斯科、明斯克、华沙、柏林、鹿特丹等新亚欧大陆桥重要节点城市的作用，推进符拉迪沃斯托克、伊尔库茨克、新西伯利亚、喀山等亚欧大陆桥节点城市的物流能力建设，打通阿拉木图、比什凯克、塔什干、撒马尔罕、阿什哈巴德、德黑兰、安卡拉、伊斯坦布尔等城市的物流通道。在我国国内，重点推进重庆、成都、武汉、西安、郑州、兰州、长沙、徐州、济南等城市，通过“X新欧”加强与“一带一路”沿线国家陆路联通能力建设，形成我国内陆地区对外开放新高地。

在中蒙俄物流通道上，从华北和东北两个方向推进与蒙俄的互联互通建设。从华北至蒙俄方向，打通天津、北京、张家口、乌兰察布、乌兰巴托、新西伯利亚、鄂木斯克、喀山、莫斯科的物流大通道；从东北至蒙俄方向，打通大连、沈阳、长春、哈尔滨、满洲里、乌兰巴托直至莫斯科的物流大通道，加速华北、东北地区与蒙俄的区域经济合作。

在中巴物流通道上，要打通喀什、伊斯兰堡、拉合尔、海德拉巴、卡拉奇及瓜达尔的物流通道，加强物流基础设施建设，提升各节点城市物流发展水平。

在孟中印缅物流通道上，要强化昆明物流中心城市的重要地位，打通昆明至缅甸曼德勒、密支那、仰光、皎漂物流通道。

在中国—中南半岛物流通道上，着重发挥南宁、昆明在该通道中的核心作用，陆上打通至河内、万象、曼谷、金边、胡志明市、吉隆坡、新加坡的公路、铁路，形成畅通的物流通路，为我国西南地区与中南半岛国家的经济互动提供支撑。

2. 重要港口

港口是重要的物流节点，是内陆地区承接国际资本、沿海产业向内地转移及通向国际市场的“直通大门”，是建设“一带一路”的先行领域和重要基础，因此，布局“一带一路”国际枢纽港及国内港口群建设意义重大。我国是“一带一路”的重要起始点，我国港口必须全面对接“一带一路”建设。

目前，我国已初步形成环渤海、长江三角洲、海峡西岸、珠江三角洲和北部湾五个规模化、集约化、现代化的港口群。这五大港口群一方面联通我国内陆地区，成为内陆地区对外贸易的窗口；另一方面联通世界，成为全球商品进入中国的集散地。

从全球看，“一带一路”应选择那些海铁联运条件好、物流功能强、腹地广阔的港口作为重要物流节点。从海上丝绸之路东端的我国东南沿海到西端的欧洲沿海，符合上述条件的新加坡港、马来西亚巴生港和关丹港、柬埔寨西哈努克港、印度尼西亚雅加达港和比通港、缅甸皎漂港、孟加拉国吉大港、巴基斯坦瓜达尔港、斯里兰卡科伦坡港和汉班托塔港、也门亚丁港、沙特阿拉伯达曼港和吉达港、阿曼法赫尔港、埃及塞得港和亚历山大港、希腊比雷埃夫斯港、法国马赛港、德国汉堡港和不来梅港、比利时安特卫普港、荷兰鹿特丹港等都可成为“一带一路”物流体系的重要港口节点。

四、加快推进中国标准“走出去”

不断深化与“一带一路”沿线国家标准化双多边合作和互联互通，大力推动中国标准“走出去”，加快提高标准国际化水平，全面服务“一带一路”建设。以“推动标准‘走出去’、促进投资贸易便利化、深化国际合作、提升标准国际化水平、支撑互联互通建设”为目标，全面对接服务《愿景与行动》，力争尽快形成标准“走出去”。

（一）制定完善中国标准“走出去”专项规划和政策措施

针对重点国家、优先领域、关键项目，提出标准“走出去”规划，在国际产能和装备制造合作重点领域，制定实施《加快中国标准“走出去”，助推国际产能和装备制造合作工作方案》。研究制定翻译出版国家标准外文版快速程序、中国标准海外授权使用版权政策等相关管理办法，完善推动标准“走出去”的政策环境。

（二）深化与沿线重点国家的标准化互利合作

以经中亚、俄罗斯至欧洲，经中亚、西亚至波斯湾、地中海，以及东盟国家和南亚国家等为重点方向，以中蒙俄、中国—中亚—西亚等国际经济合作走廊为重点，寻求利益契合点，研究构建稳定通畅的标准化合作机制。

着力推动与蒙古、俄罗斯、哈萨克斯坦、塔吉克斯坦、乌兹别克斯坦、越南、柬埔寨、泰国、马来西亚、新加坡、印度尼西亚、印度、亚美尼亚及沙特等主要海合会国家，埃及和苏丹等重点国家的标准化机构签署标准化合作协议，积极推动与阿塞拜疆探讨解决标准化合作问题。探索形成沿线国家认可的标准互认程序与工作机制，加快推进标准互认工作。

聚焦沿线重点国家产业需求，充分发挥各行业、地方、企业、学协会和产业技术联盟作用，建立标准化合作工作组，深化关键项目的标准化务实合作。在钢铁、有色、铁路、公路、水运工程、石油天然气等领域，配合我国海外工程服务推广中国标准。

（三）推动“一带一路”国际标准

认真履行我国担任国际标准化组织常任理事国和技术机构负责人的职责。鼓励各行业实质性参与相关专业性国际、区域组织的标准化活动，发挥骨干企业积极性，在电力、铁路、海洋、航空航天等基础设施领域，节能环保、新一代信息技术、智能交通、高端装备制造、生物、新能源、新材料等新兴产业领域，以及中医药、烟花爆竹、茶叶、纺织、制鞋等传统优势领域，依托我国具有优势的技术标准，主动联系沿线重点国家开展国际标准研究，共同制定国际标准，提升标准国际化水平。在对双方产业均有重要影响的领域，联合推动国际标准化组织成立新技术机构。

（四）组织翻译优先领域急需标准外文版

围绕装备、产能、动植物检疫等“走出去”优先领域，发挥国内专业标准化技术委员会的平台作用，开展面向“一带一路”沿线国家标准“走出去”需求调研，梳理形成优先领域标准外文版目录，分步下达国家标准外文版制定计划。优先组织开展服务设施联通、贸易畅通等急需的铁路、公路、水运工程、电力、海洋、冶金、建材、工程机械、航空航天、中医药等领域500项国家、行业标准外文版翻译及出版工作。

（五）开展大宗进出口商品标准比对分析

开展我国与东盟、中亚、西亚、东南亚四个区域重点国家的进出口商品贸易情况和相关国家标准分析，梳理分析沿线重点国家大宗进出口商品类别，发挥行业、地方优势，依托相关标准化技术委员会、区域标准化研究中心，研究沿线重点国家技术法规和标准，开展优先领域大宗商品标准比对分析，形成优先领域大宗进出口商品标准比对分析研究报告，为“一带一路”建设提供标准信息服务。

（六）开展东盟农业标准化示范区建设

依托与东盟国家气候、环境、人文相似的地方省市，有效利用中国—东盟自贸区建设成果，积极推广我国农业标准化生产和管理经验。在水稻、甘蔗、茶叶、果蔬等特色农产品领域，宣传推介我国现行有效的农作物种子和化肥等农业投入品、良好种植操作规范、产品质量分等分级、农产品流通等产前产中产后的相关标准，以及我国农业标准化示范区管理制度，开展本地化研究与示范推广，以点带线、以线带面，有效提高当地标准化种植技术水平。

（七）加强沿线国家标准化专家交流及能力建设

充分利用我国科技、商务等合作项目，加强与“一带一路”沿线国家有关部门的协调，面向沿线国家标准化发展和交流需求，采取多种方式，分批开展面向亚洲和非洲的标准化专家交流及人才培训项目，有针对性地举办综合知识类、专业领域类标准化援外培训班。派遣相关专业领域的高级别顾问和专家，支持沿线国家标准化能力建设，提升我国标准海外影响。加强“一带一路”标准化人才队伍建设，制定实施国际标准化人才培训规划，邀请一批国际标准化专家来我国讲学交流，培育一批标准化管理和专业人才，为开展沿线国家标准化合作交流提供人才保障。

（八）实施标准化互联互通重点项目。

在电力电子设备、防爆设备、家用电器、数字电视广播、半导体照明、中医药、海洋技术、TD-LTE信息通信等领域，支持一批由相关行业协会、产业联盟、科研机构、高等院校和企业等牵头组织，面向东盟、俄罗斯、中亚、中东欧等重点国家和区域开展的标准化互联互通项目，夯实标准化合作基础。研究建立"一带一路"标准化合作关键项目沟通机制，加强项目储备，为产业合作和互联互通提供标准化支撑。

（九）加强沿线重点国家和区域标准化研究

切实发挥地方的区位优势、技术优势和人才优势，推动建立沿线重点国家和区域标准化研究中心。积极组织开展面向阿拉伯国家、中亚、蒙俄、东盟、欧洲、北美等重点国家和区域的标准化法律法规、标准化体系、发展战略及重点领域相关标准研究，初步建立"标准化智库"体系并发挥好作用，推动形成早期成效。

（十）支持各地开展特色标准化合作

充分发挥各地区地缘优势、文化优势、语言优势和特色产业优势，研究制定本地区推进"一带一路"建设标准化实施方案，挖掘一批具备标准化工作基础的优势领域、优势技术和特色产品，提炼一批重点工作任务和标志性合作项目，开展中国城市与国外相关城市间的标准化合作试点。

五、加强"一带一路"保护机制建设

（一）建立高级别的谈判协调机制

过去中国参与的一些自贸区谈判，就是因为个别产品谈不下来，久拖不决、痛失良机，如与海合会、澳大利亚的谈判，而不得不付出额外的、更大的代价和精力；而谈成的几个，如中国—东盟自贸区，离不开高层的强力推动，成为目前中国实施自贸区战略的重要抓手。体系重塑的进程不可能让所有人在所有时候都舒服，任何重大开放举措都会涉及长远利益与当前利益、总体利益与局部利益之间的取舍，需要很大的政治决心和智慧来推动，个别谈判职能部门很难扮演这样的角色，部门联动、形成合力很重要，高层集中决策更关键。应成立高级别工作机制，统筹协调对外谈判工作。

（二）智力支持，打造彼得森式的本土智库

国内许多智库由于种种制约，在独立的战略思考和提供具有操作性的决策建议等方面有待加强。中国要培育类似美国彼得森国际经济研究所这样的本土智库，该研究所最早提出了“美元被严重高估，人民币需升值40%以上”的论断，并积极推动美国政府向中国施压。要建立从总体利益出发、超越局部利益的国际经贸谈判第三方评估和决策咨询机制，深化科研成果考核评估机制改革，加大政府、企业和社会的投入力度，加强彼此信息交流，支持学者进行全局性、战略性、畅想式的研究，主动发出“中国声音”、提出“中国方案”，为对外谈判决策提供智力参考。

（三）“一带一路”保护机制的建设要坚持全面参与、重点突破的推进策略

中国过去对外谈判是在“下象棋”，更多专注于“将帅”级别的谈判，忽略了非重点，增加了机会成本。今后要更多“下围棋”，注重全盘布局，尽可能多地把握参与体系重塑的各种机遇。如对我有利，则推动之，以获取规则话语权和影响力；如暂时接受不了，先参与进去也有利于看清世界大势、找准自身差距，在一定情况下甚至可以发挥大国作用，阻碍谈判形成事实标杆。否则，如果老是游弋在外、错过参与谈判的机会窗口，等新规则形成之后再无奈接受，那就可能陷入“二次‘入世’”的被动局面。当前，要坚决维护WTO的主渠道作用，因为中国已经进入WTO核心谈判圈，且多边舞台武装了“牙齿”，推动“后巴厘”进程对中国更为有利。要顺应自贸区蓬勃发展的世界大势，加快中国的自贸区战略布局。加大RCEP、TISA、ITA扩围、环境产品等谈判力度，在相关国际规则中注入中国元素。积极推动中美BIT和中欧BIT谈判，在此基础上探索构建多边投资规则和达成中欧自贸区。

六、建立“一带一路”沿线国家大通关机制

当前，通关效率低已严重制约“一带一路”物流通畅和效率提升。必须与沿线国家积极合作，提高各国通关工作对接和管理水平，消除投资和

贸易壁垒，构建区域内和各国良好的营商环境，激发和释放合作潜力。加强与沿线国家在信息互换、监管互认、执法互助的海关合作，以及检验检疫、认证认可、标准计量、统计信息等方面的双多边合作，构筑与沿线国家海关的合作网络，促进信息流、资金流、货物流的安全畅通流动，实现沿线国家“多地通关，如同一关”，实现无纸化通关，形成“一带一路”沿线一体化的大通关制度。推进建立统一的全程运输协调机制，推动口岸操作、国际通关、换装、多式联运的有机衔接，形成统一的运输规则，达到“一次通关、一次查验、一次放行”的便捷通关目标，降低国际运输成本，提高贸易物流便利化水平。推动与沿线国家海关监管和检验检疫标准互认，实现检验检疫证书国际联网核查。推进海关监管制度创新，支持跨境电子商务、边境贸易、市场采购贸易等新型贸易形式发展，并共同加强对新型贸易形式的通关管理，提高流通速度，降低流通成本。

目前，我国口岸实行中央和地方条块分割管理体制。在中央，设有主管对外开放和进出境管理事务的公安部、海关总署口岸管理办公室、国家质量监督检验检疫总局等国务院组成部门；在地方，设有隶属于口岸所在地政府的口岸管理委员会或口岸管理办公室。在对外开放口岸设立边检、检疫、海关等部门，实行中央垂直管理体制，而边检在省市一级实行公安部和地方公安厅双重领导体制。传统条块分割口岸管理体制，为我国改革开放、对外贸易发展和维护国家安全作出了重大贡献，但口岸执法和管理体制仍然面临不协调、通关环节多、效率低、成本高等困惑。在经济新常态下，我国传统贸易竞争优势正逐步丧失，外贸领域面临巨大的稳增长、调结构压力，口岸管理部门要打破跨部门、跨区域羁绊藩篱，推行全国口岸部门信息互换、监管互认和执法互助“三互”协作机制，加速全国“大通关”协调机制建设，实施新一轮的对外开放，提高口岸服务贸易转型发展能力，服务“一带一路”国家战略建设。2015年4月，国务院出台的《关于改进口岸工作支持外贸发展若干意见》提出了“统筹推进全国一体化通关改革，推行跨区域、跨部门口岸大通关建设，建立便捷的通关协作机制”的目标。

“一带一路”口岸建设不仅关乎经济问题，也涉及重要的政治议题，应充分发挥我国地缘毗邻的外交优势，结合经济、政治目标，加强与周边邻国的政治沟通和互信合作，深化跨境口岸互联互通建设。一方面，要加强我国“一带一路”倡议目标解读，找到与沿线国家之间的战略利益契合点，将“一带一路”打造成沿线国家的利益和命运共同体，增强周边国家的互信，化解邻国警惕心理。另一方面，口岸建设作为“一带一路”倡议建设的优先领域，对互联互通建设极为关键，应积极推动和深化双边、多边国家口岸交流与合作，构建多国跨区域口岸通关便利化运输协作机制，将边境口岸合作事务纳入“一带一路”合作备忘录等协议，在口岸设置、便利通关、制度建设、监管模式等方面展开沟通与协作，推进跨境口岸双边联合通关货物查验检疫制度建设，提高双边口岸通关服务效率，提升口岸助推“一带一路”互联互通建设和服务的能力。

为使口岸更好地发展并服务于“一带一路”建设，口岸的各项政策需要在口岸自身建设的基础上放眼地区、全国乃至“一带一路”沿线的整体发展，以重效率、促公平、有特色、软硬兼顾、经济和外交相结合作为政策推动的主要方向。

推进“一带一路”建设，必须破除口岸带来的壁垒，提高通关效率，这就需要运用现代管理、信息化和高科技手段，对单证流、货物流和信息流进行整合，即所谓的“大通关”。

（一）围绕“大通关”进行制度设计

“大通关”的制度设计要在提高行政效率的基础上进一步提高经济效益。第一，进一步深化口岸管理体制机制改革，逐步建立健全口岸大通关领导体制和工作机制。第二，推广试点口岸的成功经验，通过简化和清理不必要的监管工作实现简政放权。第三，完善各口岸联网的信息共享平台，包括在线审批监管平台、企业信用信息公示平台等，并在此基础上实现各口岸之间的信息互认。第四，立足通关成本来协调“大通关”，通过考核“大通关”对各个产业的全部通关成本的降低程度来衡量“大通关”的效率。第五，建立有效的沟通机制。对于属于计划单列市的口岸城市，需与所在省份之间有效沟通和联动发展；对于海关、国检等部门，需要中央从国家层面进行统筹协调，有必要建立跨部门的沟通机制，甚至考虑大部制改革。第六，口岸各部门要正视风险的存在，在追求便利化的同时也要控制通关风险。

（二）做好“大通关”相关产业对接

大型口岸的产业结构非常复杂，同时存在多个潜力巨大的产业，要注重“大通关”下的产业对接，尤其是多个产业在对接中的协同发展。一是国内口岸之间的产业对接需要有统一的规划，并着力测算与应对各口岸产业链延长可能引发的竞争。二是对于拥有陆、海、空、铁多个口岸的城市，口岸布局要和产业布局相适应，要建成各交通形式高效衔接、区港联动、多式联运的综合口岸体系和立体开放格局。三是重视不同产业链向内地的延伸程度，发挥口岸区位优势与内地货源优势，推进沿海口岸和内地口岸功能相互延伸，进而形成“大通关”区位联合优势，更好地服务区域经济发展。

（三）口岸发展需与经济外交工作相结合

“一带一路”建设与口岸发展不仅是经济问题，也是政治问题，需要发挥经济外交的优势，政治和经济目标并重，政治和经济手段并行。

1. 注重非经济手段的运用

对于“一带一路”建设面临的政治阻力，仅用经济手段是不足以克服的，还需要运用非经济手段。第一，注重非正式的协调机制。政府部门需要与媒体、非政府组织和民众之间建立长效的交流机制，兼用正式与非正式机制促进规章对接。第二，加强对沿线国家的援助。可以在沿线和周边国家重点推进民生项目，将援助更多地投向扶贫、减灾、职业教育、农业发展等能够使广大周边受援国民众直接受益的援助领域，使相关国家能够如期实现联合国所确定的2030年可持续发展目标。第三，注重旅游业的文化沟通作用，使游客在与当地居民交流的过程中接受中国的文化，与中国人民真正相知相交。

2. 外交部门参与经济协调

口岸发展应更加重视地缘政治风险，外交部门应该发挥政治协调上的优势，积极拓展经济外交，做好与相关口岸的对接和协调工作。第一，向国内口岸部门和大型企业的高管人员普及处理“一带一路”沿线各国关系的基本基调，使他们在对外交往时能够与国家外交政策协调一致。第二，针对与我国经济政治制度差异较大的“一带一路”沿线国家，外交部及驻外使领馆需要向驻外企业全面深入普及在外方通关所需的相关贸易知识、法律及最新动态，并将领事保护工作作为驻外领事机关的工作重点。第三，打破对外援助、金融服务、产业、贸易之间条块分割的局面，在口岸部门和基层外交外事部门之间建立常态化、制度化的协调机制，进而实现口岸信息与外交外事部门的实时对接。

参考文献

[1]李向阳. 跨太平洋伙伴关系协定与“一带一路”之比较[J]. 世界经济与政治，2016(09).

[2]陈伟光，王燕. 共建“一带一路”：基于关系治理与规则治理的分析框架[J]. 世界经济与政治，2016(06).

[3]马学礼.“一带一路”倡议的规则型风险研究[J]. 亚太经济，2015(06).

[4]孙瑾.“一带一路”规则设计可向TPP借鉴经验[N]. 第一财经日报，2017(A11).

[5]赵龙跃.“一带一路”战略中的观念更新与规则构建[N]. 光明日报，2015(016).

[6]李曼宇.“一带一路”发展理念和国际经济规则创新研究[J]. 智库时代，2017(07).

[7]王立贵.“一带一路”发展理念和国际经济规则创新简析[J]. 现代国企研究，2016(12).

[8]光瑜.“一带一路”背景下国际经济规则的完善与创新研究[J]. 经济研究导刊，2017(02).

[9]曾文革，党庶枫.“一带一路”战略下的国际经济规则创新[J]. 国际商务研究，2016(03).

[10]任晶晶.“一带一路”背景下中国经济外交的战略转型[J].新视野，2015(06).

[11]谢法浩. 中国—东盟自由贸易区实践对“一带一路”建设经济规则制定的借鉴探析[J]. 东南亚纵横，2017(04).

[12]李鸣. 国际法与“一带一路”研究[J]. 法学杂志，2016(01).

[13]包运成.“一带一路”建设的法律思考[J]. 前沿，2015(01).

[14]张乃根.“一带一路”倡议下的国际经贸规则之重构[J].法学，

2016(05).

[15]竺彩华，韩剑夫.“一带一路”沿线FTA现状与中国FTA战略[J].亚太经济，2015(04).

[16]张晓静.亚太区域合作深度一体化与生产网络的关联性[J].亚太经济,2015(01).

[17]李向阳.论海上丝绸之路的多元化合作机制[J].世界经济与政治，2014(11).

[18]东艳.全球贸易规则的发展趋势与中国的机遇[J].国际经济评论,2014(01).

[19]韩秀丽.中国海外投资中的环境保护问题[J].国际问题研究，2013(05).

[20]李巍.东亚经济地区主义的终结？——制度过剩与经济整合的困境[J].当代亚太，2011(04).

[21]李向阳.国际经济规则的实施机制[J].世界经济,2007(12).

[22]田野.国际制度的形式选择——一个基于国家间交易成本的模型[J].经济研究，2005(07).

[23]赵龙跃.新丝绸之路：从战略构想到现实规则[J].人民论坛·学术前沿,2014(13).

[24]郑永年.中美关系和国际秩序的未来[J].国际政治研究，2014(01).

[25]赵龙跃.中国参与国际规则制定的问题与对策[J].人民论坛·学术前沿，2012(16).

[26]刘小燕，张萌.国际规则构建中的政府话语冲突：内涵、机制与效果[J].社会科学战线,2017(07).

[27]戚凯.国际规则构建中的首都角色——以北京为例[J].教学与研究，2017(03).

[28]张志洲.增强中国在国际规则制定中的话语权[J].杭州(周刊),2017(06).

[29]赵忠秀.中国如何参与制定国际规则[J].领导文萃，2014(13).

[30]高程. 从规则视角看美国重构国际秩序的战略调整[J]. 世界经济与政治，2013(12).

[31]李向阳. 对内实现可持续发展，对外在国际规则的制定过程中发挥中国应有的作用[J]. 国际关系研究，2013(01).

[32]俞婷宁. 互联网国际规则建构：话语策略的公共安全视角[J]. 国际安全研究，2017(03).

[33]陈德铭. 经济危机与规则重构[M]. 北京：商务印书馆，2014.

[34](美)迈克尔·巴尼特，玛莎·芬尼莫尔. 为世界定规则[M]. 上海：人民出版社，2009.

[35](美)卡伦·明斯特. 国际关系精要[M]. 上海：上海人民出版社，2007.

[36](美)奥兰·扬. 世界事务中的治理[M]. 上海：上海人民出版社，2007.

[37]薄燕，高翔. 原则与规则：全球气候变化治理机制的变迁[J]. 世界经济与政治，2014(02).

[38]吴大新. 中国如何获取国际经济规则制定权?——来自欧盟、美国的经验与启示[J]. 山东社会科学，2013(03).

[39]李向阳. 国际经济规则的形成机制[J]. 世界经济与政治，2006(09).

[40]李增刚. 国际规则变迁与实施机制的经济学分析[J]. 制度经济学研究，2005(04).

[41]金卫星. “二战”期间美国筹建战后世界多边自由贸易体系的历程[J]. 史学月刊，2003(12).

[42]陈琪，管传靖. 国际制度设计的领导权分析[J]. 世界经济与政治，2015(08).

[43]桑百川，王园园. 中国与世界贸易规则体系的未来[J]. 人民论坛·学术前沿，2015(23).

[44]张琳. 国际经贸新规则：中国自贸区的实践与探索[J]. 世界经济与政治论坛. 2015(05).

[45]张晓君. 国际经贸规则发展的新趋势与中国的立场[J]. 现代法学, 2014(03).

[46]郭楚.培育应对国际规则变革的外贸新优势[J]. 广东经济，2016(01).

[47]采购WTO规则[J]. 商业时代，2002(05).

[48]何茂春，张菲. 中国加“入世”贸组织十年来的经验与教训——以国际规则的认识和运用为视角[J]. 北京行政学院学报，2011(06).

[49]董志军. 从“复关”到“世贸组织”：加入国际规则符合中国国家利益[J]. 首都经济，1997(05).

[50]庞中英. 中国不能再“削足适履”[J]. 社会观察，2012(01).

[51]田丰. 国有企业相关国际规则：调整、影响与应对[J]. 国际经济合作, 2016(05).

[52]郑玉兴. 按国际规则参与市场竞争[J]. 中国眼镜科技杂志，2002(01).

[53]张思前. 中国：如何用国际规则保护自己[J]. 质量探索，2008(08).

[54]张燕玲. 中国企业要熟悉更多的国际规则惯例[J]. 对外经贸实务, 2015(06).

[55](加)黛布拉·斯蒂格. 世界贸易组织的制度再设计[M]. 上海：上海人民出版社，2010.

[56]阎学通，章百家，秦亚青，叶卫平，潘维. 国际规则制定权与中国的位置[J]. 世界知识，2002(06).

[57]Pu Xiaoyu. Socialisation as a Two-way Process：Emerging Powers and the Diffusion of International Norms[J]. Chinese Journal of International Politics，2012(4).

[58]Yiping H. Understanding China’s Belt&Road initiative：mo-tivation，framework and assessment. China Economic Review，2016.

[59]Leonard K. Cheng. Three questions on China’s “Belt and Road Initiative”. China Economic Review，2016(40).

[60] Mead, Walter Russell. The Return of Geopolitics: The Revenge of the Revisionist Powers [J]. Foreign Affairs, 2014(3).

[61] Matthew D. Stephen. Rising Regional Powers and International Institutions: The Foreign Policy Orientations of India, Brazil and South Africa [J]. Global Society, 2012(3).

致谢

"'一带一路'经济规则制定研究"课题于2016年12月立项，在广东省经济安全研究院和广东国际经济协会的组织下，课题组认真调查，数易其稿，并于2017年11月，得到以中央政策研究室经济局局长白津夫为组长，来自国家和省有关部门、高校专家组成的评审组的肯定。回顾研究历程，对为本书的出版尽心尽力的各位专家、领导和有关同志表示感谢。

感谢评审组的白津夫、江涌、庞中英、曹荣湘、李鲁云、张金生、刘金山、孙波等专家学者，你们的真诚鼓励和中肯建议，让我们的研究更加深入完整。特别感谢江涌与李鲁云两位专家在写作过程中给予的指导性意见。

感谢广东省经济安全研究院和广东国际经济协会的全体工作人员，默默地给予我们关心和帮助。

感谢广州出版社和广州市朗声图书有限公司的编辑为本书付出的辛勤劳动。

谢谢你们。

由于经验能力有限，本书定有不少不足与疏漏之处，敬请广大读者批评指正。

"'一带一路'经济规则制定研究"课题组

2017年12月20日